Los evangelios *de* Mateo *y* Marcos

PROCLAMACIÓN DE LA BUENA NOTICIA DE JESUCRISTO, EL HIJO DE DIOS

P. WILLIAM A. ANDERSON, DMIN, PHD, Y PÍA SEPTIÉN

LIBROS LIGUORI
One Liguori Drive ▼ Liguori, MO 63057-9999

Imprimi Potest:
Harry Grile, CSsR, Provincial
Provincia de Denver, los Redentoristas

Impreso con Permiso Eclesiástico y aprobado para uso educativo privado.

Imprimatur: "Conforme al C.827, el Reverendísimo Edward M. Rice, obispo auxiliar de St. Louis, concedió el Imprimátur para la publicación de este libro el 3 de diciembre de 2013. El Imprimátur es un permiso para la publicación que indica que la obra no contiene contradicciones con las enseñanzas de la Iglesia Católica, sin embargo no implica aprobación de las opiniones que se expresan en la obra. Con este permiso no se asume ninguna responsabilidad".

Publicado por Libros Liguori, Liguori, Missouri 63057
Pedidos al 800-325-9521 o visite liguori.org

Library of Congress Cataloging-in-Publication Data

Los Evangelios de Mateo y Marcos: Proclamación de la Buena Noticia de Jesucristo, el Hijo de Dios.
    pages cm
  1. Bible. Matthew—Textbooks. 2. Bible. Mark—Textbooks. 3. Catholic Church—Doctrines. I.
BS2576.E93 2013
226.2'0071—dc23

                2013041707

p ISBN 978-0-7648-2359-6
e ISBN 978-0-7648-6853-5

Los textos de la Escritura que aparecen en este libro han sido tomados de la *Biblia de Jerusalén* versión latinoamericana © 2007, Editorial Desclée de Brower. Usada con permiso. Todos los derechos reservados.

Libros Liguori, una organización sin fines de lucro, es un apostolado de los Padres y Hermanos Redentoristas. Para más información, visite Redemptorists.com

Impreso en los Estados Unidos de América
17 16 15 14 13 / 5 4 3 2 1
Primera edición

Índice

Reconocimientos 5

Introducción al *Estudio Bíblico de libros Liguori* 6

***Lectio divina* (lectura sagrada) 8**

Cómo utilizar el estudio bíblico 11
>   *Un método para la* lectio divina 12
>   *Metodologías para el estudio en grupo 12*

Introducción: El Evangelio de Mateo 16

**Lección 1   Infancia de Jesús, preparación para su ministerio
y proclamación del Reino de los Cielos 19**
>   *Parte 1: Estudio en grupo (Mt 1-2) 20*
>   *Parte 2: Estudio individual (Mt 3-4) 25*

Lección 2   Los signos del Reino de los Cielos 31
>   *Parte 1: Estudio en grupo (Mt 5-7) 32*
>   *Parte 2: Estudio individual (Mt 8) 44*

**Lección 3   Discurso misionero, oposición y
Las parábolas del Reino 50**
>   *Parte 1: Estudio en grupo (Mt 10:13-14) 51*
>   *Parte 2: Estudio individual (Mt 11-12) 59*

**Lección 4   El misterio es revelado.
Jesús cambia de territorio, pasa de Galilea a Judea 64**
>   *Parte 1: Estudio en grupo (Mt 15-17) 65*
>   *Parte 2: Estudio individual (Mt 18) 73*

Lección 5   **Jesús va de Galilea a Judea. Ministerio en Jerusalén 77**
Parte 1: Estudio en grupo (Mt 19-21) 78
Parte 2: Estudio individual (Mt 22-23) 87

Lección 6   **La tribulación y el juicio. La pasión y la resurrección 91**
Parte 1: Estudio en grupo (Mateo 24-26) 92
Parte 2: Estudio individual (Mt 27-28) 105

Introducción: El Evangelio de Marcos 110

Lección 7   **El ministerio público de Jesús y el Reino de Dios 115**
Parte 1: Estudio en grupo (Mc 1-2) 116
Parte 2: Estudio individual (Mc 3-4) 125

Lección 8   **El poder de la fe 131**
Parte 1: Estudio en grupo (Mc 5-7) 132
Parte 2: Estudio individual (Mc 8) 139

Lección 9   **El misterio es revelado, Jesús en Jerusalén 144**
Parte 1: Estudio en grupo (Mc 9-10) 145
Parte 2: Estudio individual (Mc 11-12) 156

Lección 10   **La pasión y resurrección de Jesús 161**
Parte 1: Estudio en grupo (Mc 13-15) 162
Parte 2: Estudio individual (Mc 16) 173

Acerca de los autores 177

DEDICATORIA

La serie de libros que componen la colección del Estudio Bíblico de Libros Liguori está dedicada entrañablemente a la memoria de mis padres, Kathleen y Angor Anderson, en agradecimiento por todo lo que compartieron con quienes los conocieron, especialmente con mis hermanos y conmigo.

WILLIAM A. ANDERSON

A mi mamá, Tita Valenzuela de Septién, mujer de gran fe y entereza, y en feliz recuerdo de mi papá, Guillermo Septién, por su cariño siempre presente.

PÍA SEPTIÉN

AGRADECIMIENTO

Los estudios bíblicos y las reflexiones que contiene este libro son fruto de la ayuda de muchos que leyeron el primer borrador e hicieron sugerencias. Estoy especialmente en deuda con la Hermana Anne Francis Bartus, CSJ, DMin, cuya vasta experiencia y conocimiento fueron muy útiles para llevar esta colección a su forma final.

WILLIAM A. ANDERSON

Este estudio bíblico en español ha sido posible gracias a Luis José Medina quien vio la necesidad de la elaboración del material para el pueblo hispanohablante en los Estados Unidos, a Gabriel Hernández, quien con sus llamadas telefónicas y correos electrónicos, prudentes pero constantes, hizo que este proyecto saliera adelante, y a Marco Antonio Batta por haber corregido gentilmente el estilo.

PÍA SEPTIÉN

Introducción al
Estudio Bíblico de Libros Liguori

LEER LA BIBLIA puede intimidar a algunos. Es un libro complejo y muchas personas de buena voluntad que han tratado de leer la Biblia, terminaron dejándola totalmente confundidos. Por ello, ayuda tener un compañero de viaje, y el *Estudio Bíblico de Libros Liguori* es uno confiable. En los diversos libros de esta colección, vas a aprender sobre el contenido de la Biblia, sobre sus temas, personajes y acontecimientos, y aprenderás también cómo los libros de la Biblia surgieron por la necesidad de salir al paso de nuevas situaciones.

A lo largo de los siglos, los creyentes se han preguntado: ¿dónde está Dios en este momento? Millones de católicos se vuelven a la Biblia en busca de aliento para su camino de fe. La prudencia nos aconseja no emprender un estudio de la Biblia por nosotros mismos, desconectados de la Iglesia que recibió la Escritura para compartirla y custodiarla. Cuando se utiliza como una fuente para la oración y atenta reflexión, la Biblia cobra vida.

Tu decisión de adoptar un programa para el estudio de la Biblia debe estar dictada por lo que esperas encontrar en él. Uno de los objetivos del *Estudio Bíblico de Libros Liguori* es dar a los lectores una mayor familiaridad con la estructura de la Biblia, con sus temas, personajes y mensaje. Pero eso no es suficiente. Este programa también te enseñará a usar la Escritura en tu oración. El mensaje de Dios es tan importante y tan urgente en nuestros días como entonces, pero solo nos beneficiaremos del mensaje si lo memorizamos y conservamos en nuestras mentes. Está dirigido a toda la persona en sus esferas física, emocional y espiritual.

Nuestro bautismo nos introduce a la vida en Cristo y estamos hoy llamados a vivir más unidos a Cristo en la medida en que practicamos los valores de la justicia, la paz, el perdón y la vida en la comunidad. La nueva alianza de Dios fue escrita en los corazones del pueblo de Israel; nosotros, sus descendientes espirituales, somos amados por Dios de una forma igualmente íntima. El *Estudio Bíblico de Libros Liguori* te acercará más a Dios, a cuya imagen y semejanza fuiste creado.

Estudio en grupo e individual

La colección de libros del *Estudio Bíblico de Libros Liguori* está orientada al estudio y la oración en grupo o de forma individual. Esta colección te da las herramientas para comenzar un grupo de estudio. Reunir a dos o tres personas en una casa o avisar de la reunión del grupo de estudio de la Biblia en una parroquia o comunidad puede dar resultados sorprendentes. Cada lección del Estudio Bíblico contiene una sección para ayudar a los grupos a estudiar, reflexionar y orar, y compartir con otros sus reflexiones bíblicas. Cada lección contiene también una segunda sección para el estudio individual.

Mucha gente que quiere aprender más sobre la Biblia no sabe por dónde empezar. Esta colección les da un punto de partida y les ayuda a seguir adelante hasta que se familiaricen con todos sus libros.

El estudio de la vida puede ser un proyecto tan largo como la misma vida, que enriquece siempre a todos los que quieren ser fieles a la Palabra de Dios. Cuando la gente completa un estudio de toda la Biblia, puede empezar otra vez, haciendo nuevos descubrimientos cada vez que se adentra de nuevo en la Palabra de Dios.

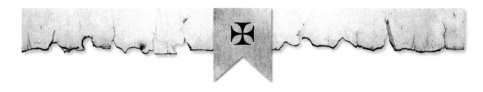

Lectio divina (lectura sagrada)

EL ESTUDIO BÍBLICO no consiste únicamente en adquirir conocimientos intelectuales de la Biblia; también tiene que ver con adquirir una mayor comprensión del amor de Dios y una mayor preocupación por la Creación. El fin de leer y conocer la Biblia es enriquecer nuestra relación con Dios. Dios nos ama y nos dio la Biblia para enseñarnos ese amor. Como el Papa Benedicto XVI nos recuerda, un estudio de la Biblia no es una empresa exclusivamente intelectual, sino también una aventura espiritual que debería influir en nuestra relación con Dios y con nuestros hermanos.

El significado de *Lectio divina*

Lectio divina es una expresión latina que significa "lectura sagrada o divina". El proceso para la *Lectio divina* consiste en leer la Escritura, reflexionar y orar. Muchos clérigos, religiosos y laicos usan la *Lectio divina* en su lectura espiritual, todos los días, para desarrollar una relación más cercana y amorosa con Dios. Aprender sobre la Sagrada Escritura tiene como finalidad llevar a la vida personal su mensaje, lo cual requiere un periodo de reflexión sobre los pasajes de la Escritura.

Oración y *Lectio divina*

La oración es un elemento necesario para la práctica de la *Lectio divina*. Todo el proceso de lectura y reflexión es en el fondo una oración, no es un esfuerzo puramente intelectual; es también espiritual. En la página 15 se ofrece una oración inicial para reunir los propios pensamientos antes de abordar los diversos pasajes de cada sección. Esta oración se puede decir en privado o en grupo. Para los que usan el libro en su lectura espiritual de todos los días, la oración para cada apartado puede repetirse todos los días. También puede ser de utilidad llevar un diario de las meditaciones diarias.

Ponderar la Palabra de Dios

La *Lectio divina* es la antigua práctica espiritual cristiana que consiste en leer la Sagrada Escritura con una intencionalidad y con devoción. Esta práctica les ayuda a centrarse y bajar a su corazón para entrar en un espacio íntimo y silencioso donde pueden encontrar a Dios.

Esta lectura sagrada es distinta de la lectura para adquirir conocimientos o información, y es más que la práctica piadosa de la lectura espiritual. Es la práctica de abrirnos a la acción e inspiración del Espíritu Santo. Mientras nos concentramos de forma consciente y nos hacemos presentes al significado íntimo del pasaje de la Escritura, el Espíritu Santo ilumina nuestras mentes y corazones. Llegamos al texto queriendo ser transformados por un significado más profundo que se encuentra en las palabras y pensamientos que estamos ponderando.

En este espacio nos abrimos a los retos y a la posibilidad de ser cambiados por el significado íntimo de la Escritura que experimentamos. Nos acercamos al texto con espíritu de fe y con obediencia, como un discípulo deseoso de ser instruido por el Espíritu Santo. A medida que saboreamos el texto sagrado, abandonamos la actitud controladora que quiere decir a Dios cómo debe actuar en nuestras vidas y rendimos nuestro corazón y nuestra conciencia a la acción de lo divino (*divina*) a través de la lectura (*lectio*).

El principio fundamental de la *Lectio divina* nos lleva a entender mejor el profundo misterio de la encarnación, "La Palabra se hizo carne", no solo en la historia, sino también en nosotros mismos.

Rezar la *Lectio* en nuestros días

Relaja tu cuerpo y mantén una postura de oración (sentado con la espalda recta, ojos cerrados, ambos pies en el piso). Ahora sigue estos cuatro sencillos pasos:

1. Lee un pasaje de la Escritura o las lecturas de la Misa del día. Esta parte se llama *lectio* (si la Palabra de Dios se lee en voz alta, quienes escuchan deben hacerlo atentamente).

2. Ora usando el pasaje de la Escritura elegido mientras buscas un significado específico para ti. Una vez más, la lectura se escucha y se lee en silencio para ser reflexionada o meditada. Esto se conoce como *meditatio*.

3. El ejercicio ahora se vuelve activo. Toma una palabra, frase o idea que aflore al estar considerando el texto elegido. ¿Esa lectura te recuerda alguna persona, lugar o experiencia? Si es así, haz oración pensando en ello. Concentra tus pensamientos y reflexiones en una sola palabra o frase. Este "pensamiento-oración" te ayudará a evitar las distracciones durante la *lectio*. Este ejercicio se llama *oratio*.
4. En silencio, con tus ojos cerrados, tranquilízate y hazte consciente de tu respiración. Deja que tus pensamientos, sentimientos y preocupaciones se desvanezcan mientras consideras el pasaje seleccionado en el paso anterior (la *oratio*). Si estás distraído, usa tu "pensamiento-oración" para volver al silencio y quietud. Esta es la *contemplatio*.

Puedes dedicar a este ejercicio tanto tiempo como desees, pero en el contexto de este Estudio Bíblico, de 10 a 20 minutos deberían ser suficientes.

Muchos maestros de oración llaman a la contemplación "orar descansado en Dios", y la ven como el preámbulo del perderse a sí mismo en la presencia de Dios. La Escritura se convierte en nuestra oyente mientras oramos y permitimos a nuestros corazones unirse íntimamente con el Señor. La Palabra realmente se hace carne, pero en esta ocasión se manifiesta en nuestra propia carne.

Cómo utilizar
el estudio bíblico

LA BIBLIA, junto con los comentarios y reflexiones que aparecen en este estudio, ayudarán a los participantes a familiarizarse con los textos de la Escritura y los llevará a reflexionar con mayor profundidad en el mensaje de los mismos. Al final de este estudio los participantes contarán con un sólido conocimiento de los Evangelios de Mateo y Marcos, y se darán cuenta de cómo estos Evangelios les ofrecen un alimento espiritual. El estudio no es solo una aventura intelectual, sino también espiritual. Las reflexiones guían a los participantes en su propio caminar por las Escrituras.

Contexto

Cuando cada autor escribió su Evangelio, no puso simplemente al azar diversas historias de Jesús, los autores, más bien las pusieron de acuerdo con un criterio para acentuar un mensaje. Para ayudar a los lectores a aprender sobre cada pasaje en relación con los demás que lo acompañan, cada lección comienza con una visión general que coloca a los pasajes en su contexto.

Nota: Los textos de la Escritura de este libro y de todo el Estudio Bíblico están tomados de la edición en línea de Biblia de Jerusalén, versión latinoamericana © 2007, Editorial Desclée de Brower. Usada con permiso.

Visión general del libro

En este libro se estudian los dos primeros Evangelios: Mateo y Marcos. Las primeras seis lecciones están dedicadas a Mateo y las últimas cuatro a Marcos. Cada lección, a su vez, consta de dos partes, una para el estudio en grupo y otra para el estudio individual. El Evangelio de Mateo es más largo que el de Marcos, por ello se le dedican más capítulos. Por lo que ve al escrito de Marcos, en su estudio no se tratan algunos de los temas que ya se vieron en Mateo. De esta forma, extraemos los elementos más importantes de ambos textos y evitamos engorrosas repeticiones.

UN MÉTODO PARA LA *LECTIO DIVINA*

Libros Liguori ha diseñado este estudio para que sea fácil de usar y aprovechar. De cualquier forma, las dinámicas de grupo y los líderes pueden variar. No tratamos de controlar la labor del Espíritu Santo en ustedes, por eso les sugerimos que decidan de antemano qué metodología funciona mejor para su grupo. Si están limitados de tiempo, pueden hacer el estudio en grupo y hacer la oración y la reflexión después, individualmente.

De cualquier forma, si tu grupo desea ahondar en la Sagrada Escritura y celebrarla a través de la oración y el estudio, les recomendamos dedicar alrededor de noventa minutos cada semana para reunirse, de forma que puedan estudiar y orar con la Escritura. La *Lectio divina* (ve la página 8) es una antigua forma de oración contemplativa que lleva a los lectores a encontrarse con el Señor usando el corazón y no solo la cabeza. Recomendamos vivamente usar este tipo de oración tanto en el estudio individual como en el de grupo.

METODOLOGÍAS PARA EL ESTUDIO EN GRUPO

1. Estudio bíblico con *Lectio divina*

Alrededor de noventa minutos

- ✠ Reunirse y recitar la oración introductoria (3 -5 minutos)
- ✠ Leer el pasaje de la Escritura en voz alta (5 minutos)
- ✠ Lectura en silencio del comentario y preparación para discutirlo en grupo (3-5 minutos)
- ✠ Discutir el pasaje de la Escritura junto con el comentario y la reflexión (30 minutos)
- ✠ Leer el pasaje de la Escritura en voz alta por segunda vez seguido de un momento de silencio para la meditación y contemplación personal (5 minutos)

- ✠ Dedicar un poco de tiempo a orar usando el pasaje elegido. Los miembros del grupo leerán lentamente el pasaje de la Escritura por tercera vez, atentos a la voz de Dios mientras leen (10-20 minutos)
- ✠ Compartir con los demás las propias reflexiones (10-15 minutos)
- ✠ Oración final (3-5 minutos)

2. Estudio bíblico

Alrededor de una hora

- ✠ Reunirse y recitar la oración introductoria (3 -5 minutos)
- ✠ Leer el pasaje de la Escritura en voz alta (5 minutos)
- ✠ Lectura en silencio del comentario y preparación para discutirlo en grupo (3-5 minutos)
- ✠ Discutir el pasaje de la Escritura junto con el comentario y la reflexión (40 minutos)
- ✠ Oración final (3-5 minutos)

Notas para el líder

- ✠ Lleva una copia de la Biblia de Jerusalén versión latinoamericana © 2007, Editorial Desclée de Brower u otra que te ayude.
- ✠ Haz un programa con las lecciones que verán cada semana.
- ✠ Prelee el material antes de cada clase.
- ✠ Establece algunas normas escritas básicas (por ejemplo: las clases duran solo noventa minutos; no se puede acaparar el diálogo discutiendo o polemizando, etc.).
- ✠ Ten las clases en un lugar apropiado y acogedor (algún salón en la parroquia, una sala de reuniones o una casa).
- ✠ Usen gafetes con los nombres de los participantes y organiza alguna actividad en la primera clase para romper el hielo; pide a los participantes que se presenten al grupo.
- ✠ Pon separadores en los pasajes de la Escritura que van a leer durante la sesión.
- ✠ Decide cómo quieres que se lea la Escritura en voz alta durante las clases (uno o varios lectores).

✠ Usa un reloj de pared o de pulso.

✠ Ten algunas Biblias extra (o fotocopias de los pasajes de la Escritura) para aquellos participantes que no lleven Biblia.

✠ Pide a los participantes que lean "Introducción: el Evangelio de Mateo" (página 16) o "Introducción: el Evangelio de Marcos" (página 110) antes de la primera sesión.

✠ Di a los participantes qué pasajes van a estudiar y motívalos a leerlos antes de la clase; también invítalos a leer el comentario.

✠ Si optas por utilizar la metodología con Lectio divina, familiarízate tú primero con esta forma de orar. Hazlo con antelación.

Notas para los participantes

✠ Lleva tu propia copia de la Biblia de Jerusalén, versión latinoamericana © 2007, Editorial Desclée de Brower u otra que te ayude.

✠ Lee "Introducción: el Evangelio de Mateo" (página 16) o "Introducción: el Evangelio de Marcos" (página 110) antes de la clase.

✠ Lee los pasajes de la Escritura y el comentario antes de cada sesión.

✠ Prepárate para compartir tus reflexiones con los demás y para escuchar las opiniones de los otros con respeto (no es un momento para discutir o hacer un debate sobre determinados aspectos de la fe).

Oración inicial

Líder: Dios mío, ven en mi auxilio,

Respuesta: Señor, date prisa en socorrerme.

Líder: Gloria al Padre, y al Hijo, y al Espíritu Santo,

Respuesta: como era en el principio ahora y siempre por los siglos de los siglos. Amén.

Líder: Cristo es la vid y nosotros los sarmientos. Como sarmientos unidos a Jesús, la vid, estamos llamados a reconocer que las Escrituras siempre se han cumplido en nuestras vidas. Es la Palabra viva de Dios que vive en nosotros. Ven Espíritu Santo, llena los corazones de tus fieles y enciende en nosotros el fuego de tu divina sabiduría, conocimiento y amor.

Respuesta: Abre nuestras mentes y corazones mientras aprendemos sobre el gran amor que nos tienes y que nos muestras en la Biblia.

Lector: (Abre tu Biblia en el texto de la Escritura asignado y léelo con calma y atención. Haz una pausa de un minuto, buscando aquella palabra, frase o imagen que podrías usar durante la *Lectio divina*).

Oración final

Líder: Oremos como Jesús nos enseñó.

Respuesta: Padre Nuestro...

Líder: Señor, ilumínanos con tu Espíritu mientras estudiamos tu Palabra en la Biblia. Quédate con nosotros este día y todos los días, mientras nos esforzamos por conocerte y servirte, y por amar como Tú amas. Creemos que a través de tu bondad y amor, el Espíritu del Señor está verdaderamente sobre nosotros. Permite que las palabras de la Biblia, tu Palabra, tomen posesión de nosotros y nos animen a vivir como Tú vives y a amar como Tú amas.

Respuesta: Amén.

Líder: Que el auxilio divino permanezca siempre con nosotros.

Respuesta: En el nombre del Padre, y del Hijo, y del Espíritu Santo. Amén.

El Evangelio de Mateo

DESPUÉS DE LA RESURRECCIÓN y ascensión de Jesús a los cielos, sus seguidores comenzaron un movimiento conocido como "el Camino", con la firme convicción de que Jesús era el Mesías esperado por el pueblo judío. El Camino no solo crecía en la cantidad de personas que profesaban esa creencia, sino también en cantidad de ciudades, regiones y pueblos.

Los líderes religiosos judíos estaban asustados por la rápida expansión de este nuevo movimiento, el cual era diferente a los que habían surgido en el pasado. Dichos movimientos aseguraban haber encontrado el cumplimiento de las profecías del Antiguo Testamento, pero terminaban generalmente una vez que moría o era asesinado su líder. Esta vez las cosas no eran igual, ya que el líder, Jesús, había sido crucificado por los soldados romanos, había muerto, pero de acuerdo con sus seguidores, había resucitado.

Aunado a la desconfianza que sentían los líderes religiosos hacia los seguidores de Jesús, se dio un hecho que complicó todavía más las cosas: un pequeño grupo de apasionados judíos llamados *zelotes* se dedicaban a emboscar a grupos de soldados romanos. Esto llevó a las autoridades romanas a reaccionar en contra de los habitantes de Judea. Alrededor del año 70, los soldados romanos invadieron Jerusalén, destruyeron el Templo, casas y sinagogas, y asesinaron salvajemente a un gran número de sus habitantes. Muchos cristianos huyeron a otras ciudades y regiones donde establecieron comunidades compuestas principalmente por judíos convertidos en seguidores de Jesucristo.

En Antioquía, ciudad localizada al noreste de Jerusalén, el cristianismo fue creciendo rápidamente. Los cristianos de origen judío se unieron en pequeñas comunidades donde conservaron muchas de sus costumbres y oraciones, al mismo tiempo que profesaban la fe en Cristo. Paralelamente había un grupo de

judíos que los veía con desconfianza y desprecio, los "fariseos", qui
que los seguidores de Jesús estaban dañando muchísimo a la religión jud
lo cual decidieron expulsarlos de la sinagoga.

Todo esto hacía que los seguidores de Jesús de origen judío se preguntaran por qué sus parientes y los miembros de su sinagoga no habían reconocido a Jesús como el Mesías (Cristo) y cómo era posible que los no judíos sí lo hubieran reconocido y se hubieran sumado a las filas del movimiento conocido como "el Camino". Estaban confundidos, necesitaban respuestas a sus interrogantes. El propósito del Evangelio de Mateo es transmitir a esta comunidad de fieles seguidores de Jesús la certeza de que ellos eran los herederos de las tradiciones y promesas judías, al mismo tiempo que estaban iniciando un nuevo camino, el de Jesús. Una cosa no excluía a la otra, sino que se complementaban. Mateo escribió su Evangelio entre los años 80 y 90 después de Cristo, buscando hacer comprender a sus destinatarios que ellos eran el nuevo Israel, y que en Jesús se cumplían verdaderamente las Escrituras, las promesas hechas desde antiguo por Dios a su pueblo.

Mateo busca a través de su Evangelio dejarles claro que Jesús es descendiente del trono de David (1:6), pastor del pueblo del Señor (2:6), Maestro que enseña como quien tiene autoridad (7:29), Hijo de Dios (4:3-10) y el Mesías (Mt 26:63b-64). También busca precisar qué significa ser seguidor o discípulo de Jesús. Para esto utiliza parábolas, discursos y relatos. Los discípulos son aquellos que entienden y viven el mensaje que Jesús enseñó, que forman una comunidad o *eclessia* –palabra griega que significa "comunidad"– (Mt 18), que está llamada a amar a Dios y a los demás seres humanos (Mt 22:37-40) y a quienes Jesús manda que vayan y hagan discípulos entre todos los pueblos, que los bauticen y les enseñen a cumplir todo lo que él les había mandado (28:19-20).

Estructura del Evangelio

El Evangelio de Mateo inicia con un prólogo sobre la infancia de Jesús, a continuación se presentan cinco grandes bloques o partes y termina con la narración de la pasión y resurrección del Señor. Cada uno de los cinco bloques consta de una sección narrativa y de un discurso, es decir, se narran las acciones de Jesús y en los discursos se expone su doctrina.

Jesús como Hijo de David

que Jesús es realmente el Mesías esperado, que había sido ...guo Testamento. El título de Hijo de David es considerado ...iánico. Él traerá la salvación a través de su pasión, muerte y resu...

Jesús como Hijo de Dios

Mateo también presenta a Jesús como Hijo de Dios, como aquel que es igual al Creador, sabio y poderoso.

La Iglesia cristiana como el nuevo y verdadero Israel

El Evangelio de Mateo también está profundamente preocupado por la Iglesia. Ya que el pueblo de Israel rechazó el llamado a llevar a todos a Dios, el nuevo Israel, es decir, la Iglesia, debe llevar a cabo esta función.

Resumiendo, el Evangelio de Mateo es la proclamación de la Buena Nueva para una Iglesia que está iniciando su caminar.

Infancia de Jesús, preparación para su ministerio y proclamación del Reino de los Cielos

MATEO 1-4

"La virgen concebirá y dará a luz un hijo, y le pondrán por nombre Emmanuel, que traducido significa: 'Dios con nosotros'" (1:23).

Oración inicial: *(Ver página 15)*

Contexto

Parte 1, Mateo 1-2: Los únicos dos Evangelios que presentan los relatos del nacimiento e infancia de Jesús son los de Mateo y Lucas. Estos Evangelios quieren mostrarnos que Jesús es el Hijo de Dios hecho hombre. Al leer estos relatos se debe tener en cuenta que fueron escritos con una perspectiva teológica y no histórica, es decir, buscan comunicar la gran maravilla del nacimiento de Jesús entre los hombres. Quieren mostrar que Jesús, como todos nosotros, nació en un lugar específico y en un tiempo determinado.

Por ello, al leerlos, no debemos quedarnos simplemente en los relatos, debemos ir a la profundidad del mensaje. Se nos cuenta cómo el ángel comunica a José que la criatura que espera María es obra del Espíritu Santo (1:20); que se apareció una estrella en el oriente la cual guiaba a los Magos (2:2) y que estos llegaron a adorar al niño (2:11) para enmarcar el nacimiento de Jesús dentro de la familia humana. Pero la enseñanza principal es que Jesús nació de María (1:25), para salvar al pueblo de sus pecados (1:21) y que es el Mesías (1:16).

Pidamos a Dios Nuestro Señor que nos ilumine para poder encontrar en este estudio las profundas enseñanzas de la Biblia.

Parte 2, Mateo 3-4: Esta sección comienza con la predicación de Juan Bautista, seguida del papel del Espíritu en la vida de Jesús, las tentaciones de este en el desierto y la llamada de los primeros discípulos. El mensaje central del pasaje es el anuncio de Jesús de que el "Reino de los Cielos" ya ha llegado.

PARTE 1: ESTUDIO EN GRUPO (MT 1-2)

Leer en voz alta Mateo 1-2

Genealogía de Jesús (1:1-17)

El Evangelio de Mateo inicia con la genealogía de Jesús, lo que comúnmente se llama árbol genealógico. Dentro de la tradición del pueblo hebreo, pueblo en el que nació Jesús, las genealogías tenían una gran importancia como se puede ver en el libro de Génesis capítulo 5:1-32 que presenta la lista de descendientes de Adán hasta Noé, o en el Primer libro de Crónicas donde los primeros nueve capítulos se dedican a presentar las genealogías de las doce tribus de Israel.

Las genealogías en la Biblia tienen como función mostrar los orígenes de las personas, de qué familia provenían y ayudan a presentar de manera legítima y formal a una persona importante. Por ello, Mateo se vale de esta para presentar a Jesús como Hijo de Abraham, aquel gran hombre con quien Dios hizo una alianza (Gn 12-17) y como Hijo de David, quien había recibido la promesa de Dios, la cual se narra en el Segundo libro de Samuel (2 Sm 7) y más tarde recapitulada en el Primer libro de las Crónicas: "Reafirmaré a tu descendencia, al fruto de tu virilidad, y consolidaré su reino[...]yo consolidaré su trono para siempre. Yo seré para él un padre y él será para mí un hijo [...]. Yo le estableceré en mi Casa y en mi reino para siempre, y su trono estará firme eternamente" (1 Cr 17:11-14).

Dos de los cuatro Evangelios narran la genealogía de Jesús, Mateo tal como se acaba de ver (Mt 1:1-17) y Lucas (Lc 3:23-38). Estas no concuerdan entre sí, ya que Lucas escribe para una comunidad gentil, es decir, para personas que no descendían del pueblo hebreo, que no estaban familiarizadas con sus costumbres y creencias. Por lo cual traza la ascendencia de la familia de Jesús hasta llegar a Adán y termina diciendo "hijo de Dios" (Lc 3:38). Lucas considera indispensable que la comunidad gentil tenga claro que Jesús es hijo de Dios. Mientras que Mateo, quien escribe para una comunidad judeocristiana, traza la línea familiar de Jesús hasta Abrahán, el padre de la nación israelita, haciendo especial mención de David. Mateo considera indispensable que esta comunidad tenga claro que Jesús es el Mesías prometido en las Escrituras. Él es la esperanza, no solo para el pueblo de la Antigua Alianza, sino para todas las naciones.

Mateo termina su Evangelio narrando cómo "Jesús se acercó a ellos y les habló así: «Me ha sido dado todo poder en el cielo y en la tierra. Vayan, pues, y hagan discípulos a todas las gentes, bautizándolas en el nombre del Padre y del Hijo y del Espíritu Santo, enseñándoles a guardar todo lo que yo les he mandado. Y estén seguros que yo estaré con ustedes día tras día, hasta el fin del mundo" (28:18-20).

El nacimiento de Jesús (1:18-25)

Mateo cuenta cómo María, la madre de Jesús, estaba desposada con José, es decir, estaba dada en matrimonio a José. Por tanto, aún no se habían casado, pero su relación era formal y la boda se llevaría a cabo en un futuro próximo. Y he aquí que José, hombre justo y temeroso de Dios, se da cuenta de que María estaba en cinta. El embarazo de María plantea un dilema para José ya que, de acuerdo con la ley judía, una mujer que tiene relaciones sexuales con un hombre que no sea su esposo es culpable de adulterio y podía ser apedreada.

José, siendo un hombre justo y bueno, que busca vivir de acuerdo con la Ley y la voluntad de Dios, de pronto se encuentra en una encrucijada: por un lado su amor y preocupación por cumplir la ley de Dios y, por otro, su amor y preocupación por María. Por este motivo, decide repudiarla en secreto.

El consuelo llega a José cuando un ángel se le aparece en sueños y le informa que María ha concebido por obra del Espíritu Santo. El ángel le anima a recibir a María en su casa como su esposa y le pide que le ponga al niño por nombre Jesús, que significa "Dios salva", ya que "él salvará al pueblo de sus pecados". Cuando José se despierta después de recibir el mensaje en sueños, sigue la orden del ángel y toma a María como su esposa. María "sin haber mantenido relaciones dio a luz un hijo, al cual llamó Jesús" (1:25).

El José de la narración de la infancia de Mateo nos recuerda al patriarca José, uno de los doce hijos de Jacob, que era un soñador e intérprete de sueños. Hay un ángel como mensajero de Dios, una figura común en las Sagradas Escrituras. Mateo centra su relato en José a quien se dirige como descendiente de David, para dejar claro una vez más que este niño nacerá de la familia de David y que en él se dará cumplimiento al Antiguo Testamento. En él se cumplirá la profecía de Isaías (7:14), el cual anunció que una virgen concebiría a un hijo y que le pondría por nombre Emmanuel, que significa "Dios con nosotros" Además de esta profecía, que nos permite saber que Dios está entre nosotros, tenemos las palabras de Jesús antes de ascender a los cielos, con las que Él mismo nos lo dice al final del Evangelio de Mateo: "Yo estaré con ustedes día tras día, hasta el fin del mundo" (28:20). Esta es una gran noticia: Dios está entre nosotros siempre, en nuestro día a día, en nuestro trabajo, al estudiar o al convivir con los demás. ¡Qué tranquilidad!

La visita de los Magos (2:1-12)

En su relato de la infancia de Jesús, Mateo dice: "Jesús nació en Belén de Judea" (2:1) que está situada en el territorio que había sido asignado a la tribu de Judá (Jos 15:1-12), por eso se le llama Belén de Judea o Belén de Judá; Lucas, en cambio, nos presenta a María y José llegando a Belén para inscribirse en un censo ordenado por el Emperador Augusto (Lc 2:1).

Por su parte, unos hombres sabios viajan desde Oriente hasta la ciudad de Jerusalén en busca del recién nacido "rey de los Judíos". A estos hombres se les ha dado el nombre de Reyes Magos. El hecho de que vinieran de Oriente significa que no eran judíos, sino extranjeros. Se cree que eran astrónomos, es decir, estudiosos de los astros y del firmamento, porque fueron ellos quienes, al ver una estrella que seguramente no habían visto antes, deciden seguirla. En la antigüedad, el nacimiento de una persona importante estaba relacionado con el movimiento de los astros.

Una vez que los Magos llegan a la ciudad de Jerusalén, que era el centro religioso del judaísmo, empiezan a preguntar dónde está el recién nacido Rey de los judíos para ir a adorarlo. El rey Herodes se inquieta al oír esto y reúne a los sabios de la ciudad, quienes le informan que el Profeta Miqueas había dicho que el rey de los judíos nacería en Belén de Judea (5:1-3), y que este sería un líder que guiaría al pueblo de Israel (2 Sm 5:2).

Herodes llama en secreto a los Magos pidiéndoles que una vez que encuentren al niño, le avisen porque él también quiere rendirle homenaje (aunque su verdadera intención es matarlo).

Curiosamente, los líderes políticos y religiosos judíos no creyeron. No reconocieron en ese momento, ni reconocerán más adelante a Jesús como

Mesías. Paradójicamente fueron los extranjeros quienes, con determinación, trataron de encontrar al rey de los judíos recién nacido.

La estrella reaparece, ahora como una estrella guía, y estos hombres sabios siguen su viaje hacia la casa donde encuentran al niño con María, su madre. Cabe mencionar que el Evangelio de Mateo no menciona ni a José ni al establo, tal como lo hace el Evangelio de Lucas.

Mateo narra cómo los Magos se postran y adoran al Niño, como se adora a Dios, y le dan regalos de acuerdo con la antigua costumbre de llevar regalos a un rey. No se menciona el número de Magos, pero sí los regalos que traen: oro, símbolo de la realeza de Jesús; incienso, símbolo de su divinidad; y mirra, símbolo de su futura sepultura.

Los Reyes Magos reciben una advertencia en sueños de no volver a Herodes, por lo que vuelven a su país por otro camino. Esta historia es una prefiguración de lo que sucederá después, ya que serán más gentiles los que aceptarán a Jesús como Mesías, que judíos.

La huida a Egipto (2:13-23)

Por segunda vez el ángel del Señor se aparece a José en sueños y recibe de este un mensaje. José debe llevar al Niño y a su madre a Egipto, porque Herodes quiere matar al niño. El Evangelio nos dice que de inmediato se levantó y se llevó a la Sagrada Familia a Egipto, donde permaneció hasta que fue seguro regresar a su tierra. Mateo cita al profeta Oseas (11:1), quien afirmó que de Egipto Dios llamó a su "hijo", es decir, al pueblo hebreo. Mateo ahora aplica esta cita a Jesús, quien saldrá de Egipto y llegará a la Tierra Prometida para formar el "nuevo pueblo de Dios", tal como en el pasado lo había hecho Moisés, pero con la novedad de que en esta ocasión quien guiará este nuevo pueblo de Dios será el mismísimo "Hijo de Dios".

El episodio de la matanza de los inocentes nos muestra la crueldad de Herodes, quien se enfurece cuando se da cuenta de que los Magos lo han engañado, ya que regresaron a su país por otro camino. Ordena la matanza de todos los niños de Belén y sus alrededores menores de dos años. Cerca de Belén se encuentra la tumba de Raquel, quien fuera la esposa predilecta de Jacob. Mateo, para expresar el sufrimiento ante la matanza de los inocentes, emplea una cita del profeta Jeremías (31:15) en la que Raquel llora por sus hijos que son llevados al exilio. Ahora presenta a Raquel llorando por la muerte de estos inocentes.

Un ángel del Señor se le aparece a José en sueños, le informa que aquellos que querían matar a Jesús ya han muerto. Una vez más, José, hombre de acción, diligente en el cuidado de su familia y dispuesto a hacer la voluntad de Dios, responde inmediatamente y regresa a su tierra natal con la Sagrada Familia. Avisado en sueños, se marchó a Nazaret, en la región de Galilea, por temor a Arquelao, quien gobernaba en Judea. Mateo explica que con esto se cumplía una profecía de que Jesús sería llamado "nazareno". Curiosamente no hay ningún texto de los profetas que recoja esas palabras. Al parecer Mateo toma prestados contenidos de varios profetas para dar forma a esta profecía.

Mateo termina la narración de la infancia presentando a Jesús como aquel en quien se cumplen las antiguas profecías.

Preguntas de reflexión

1. ¿Qué pretende Mateo en su narración de la infancia de Jesús?
2. ¿Qué nos dice el hecho de que Jesús es descendiente de Abrahán y de David? ¿Es importante? ¿Por qué sí o por qué no?
3. ¿Qué nos dice el relato de la infancia de Jesús acerca de José, el esposo de María?
4. ¿A quién iban buscando los Magos y por qué?
5. ¿Por qué Egipto es tan importante en el relato de la infancia de Jesús?

Oración final: *(Ver página 15)*

Hacer la oración final ahora o después de la *Lectio divina*

Lectio divina: *(Ver página 8)*

Relaja tu cuerpo y mantén una postura de oración (sentado, ojos cerrados, ambos pies en el piso). Este ejercicio puede tomar el tiempo que sea necesario. En el contexto de este estudio de Biblia, de diez a veinte minutos son suficientes. El propósito de la *Lectio divina* es ayudarte a entrar en la dinámica de la oración y contemplación de la Palabra de Dios, que puedas entablar un diálogo con Dios en lo más íntimo de tu corazón. Ve la página 8 para más instrucciones.

La genealogía de Jesús (1:1-17)

A través de los siglos, los hombres han vivido una vida común y corriente, ocupándose de sus trabajos diarios, con sus problemas y alegrías. Algunos de ellos se habrán preguntado cuál sería la voluntad de Dios para su vida, que querría Dios de ellos. Nosotros nos seguimos haciendo esa misma pregunta hoy en día.

El nacimiento de Jesús, su vida y sus enseñanzas también son parte del plan de Dios. El que nosotros compartamos el mensaje de Jesús, es también parte del plan de Dios. De la genealogía de Jesús aprendemos que, de alguna manera, todos formamos parte del plan de Dios.

✠ *¿Qué puedo aprender de este pasaje?*

El nacimiento de Jesús (1:18-25)

José creyó en el mensaje del ángel de tomar a María como su esposa y aceptar al niño como venido de Dios, como aquel que salvaría al pueblo de sus pecados. Al igual que María, José es un modelo de fe para nosotros. Él es un fiel seguidor de Dios por medio de quien se lleva a cabo el plan de la redención. Dios no nos ha dejado solos, sino que nos ha dado a su Hijo como salvador.

✠ *¿Qué puedo aprender de este pasaje?*

Adoración de los Magos (2:1-12)

Estos hombres no eran israelitas, sino extranjeros. Probablemente habían oído hablar de las profecías mesiánicas y estaban ansiosos por ir a adorar al rey de los judíos. Por eso dejaron todo, su casa, sus comodidades y se pusieron en camino. Llegar a Dios requiere de nuestra disponibilidad, es decir, que queramos ponernos en "camino" hasta encontrarle. Para eso tenemos que desprendernos y dejar atrás todo aquello que no nos permite ponernos en camino.

✠ *¿Qué puedo aprender de este pasaje?*

La huida a Egipto (2:13-23)

José tuvo que dejar atrás sus propios planes cuando Dios lo llamó a ponerse en camino hacia Egipto, una tierra diferente a la suya. Dejó atrás todo aquello que le era familiar, su casa, sus amigos y parientes, y la seguridad de su trabajo, para seguir la misión que Dios le había confiado. ¿Qué me pide Dios a mí?

✠ *¿Qué puedo aprender de este pasaje?*

PARTE 2: ESTUDIO INDIVIDUAL (MT 3-4)

San Mateo describe cómo se preparó Jesús antes de iniciar su vida pública:

Su bautismo en el río Jordán, las tentaciones en el desierto, el llamando de los primeros discípulos a orillas del lago de Galilea y un breve resumen de los inicios de sus primeras actividades: enseñaba, predicaba y curaba.

Día 1: Juan Bautista (3:1-12)

La vida de Juan Bautista fue impulsada por la ardiente pasión de preparar al pueblo judío para que aceptara la llegada del Reino de los Cielos y por el entusiasmo personal de testimoniar que Jesús era el Mesías que traería ese Reino. Cuando Juan Bautista hablaba sobre el Reino de los Cielos, no se refería a lo que comúnmente se conoce como "el cielo", es decir, destino al que esperamos llegar cuando muramos, sino a la presencia del Reino de los Cielos ya aquí en la tierra, el cual llegará a su plenitud en la vida eterna.

Llamaba a "preparar el camino del Señor", como lo habían predicho el profeta Isaías (40:3). Su vestimenta recuerda a la del profeta Elías (2 Re 1:8). Su comida era la comida típica del desierto. Su mensaje era similar al mensaje de los profetas del Antiguo Testamento, quienes amonestaban al pueblo por no ser fieles a Dios. Sus palabras rompieron el silencio profético de los siglos anteriores. Predicaba en el desierto, llamando a aquellos que le escuchaban a arrepentirse, a cambiar su vida de manera radical, porque la llegada del Reino estaba cerca.

La muchedumbre le buscaba, como sucede cuando se descubre a un hombre de Dios. Llegaban de Jerusalén, Judea y del territorio del Jordán, y los bautizaba con agua para animarlos a la conversión. También llegaron los fariseos y saduceos queriendo ser bautizados, pero Juan les amonestó duramente, calificándolos como "raza de víboras", nombre que se les daba a los gentiles para insultarlos. Al llamarles así, Juan les quiere decir que no son mejores que los gentiles paganos. Al parecer, Juan sabía que algunos de ellos habían pedido el bautismo, no como símbolo de arrepentimiento, sino más bien para que los demás vieran en ellos una supuesta conversión.

Estos líderes religiosos se creían elegidos porque descendían de Abraham, pero Juan les advierte que esto no les da ningún derecho especial, que la salvación no la tienen asegurada por ser sus descendientes, sino que es necesario que tengan una conversión personal.

A través de su Evangelio, Mateo utiliza diversas imágenes para ejemplificar cómo será el Día del Juicio. En esta ocasión, Juan Bautista, utiliza la imagen de un hacha que ya está apoyada en la raíz del árbol, lista para cortarlo, lo que implica que el Día del Juicio está a punto de llegar con la venida de Jesús.

Juan dejó claro que su bautismo es inferior al de Aquel que ha de venir después de él. Aunque se refiere a Jesús, Juan aún no menciona su nombre. Juan bautizó con agua, mientras que aquel que ha de venir bautizará con el

Espíritu Santo y en fuego. Este bautismo será más radical y profundo. Así es como Mateo hace alusión al bautismo sacramental traído al mundo por Jesús.

La misión de Jesús, como Mesías, era diferente a la de Juan, y así lo reconoció Juan al decir: "y no soy digno de llevarle las sandalias" (Mt 3:11). La nueva etapa que trae consigo Jesús exige un cambio radical en la conducta de las personas.

Lectio divina

Dedica entre 8 y 10 minutos a la contemplación silenciosa del pasaje:

Juan emergió predicando en el desierto, rompiendo el silencio profético de los siglos anteriores. Comenzó a predicar el arrepentimiento al pueblo de Israel, llamando a la conversión porque el Reino de los Cielos estaba cerca. Juan Bautista es un modelo de catequista para nosotros, ya que fue el primer catequista cristiano, el primero en dar testimonio de Cristo, el primero en anunciar la inminente llegada del Reino de los Cielos. Al igual que Juan Bautista, nosotros también estamos llamados a dar testimonio de la luz y de la verdad de Jesucristo.

Juan además no da un ejemplo de verdadera humildad al no querer aparentar ser más de lo que realmente era. Dejó claro que él bautizaba con agua, pero que después de él vendría otro que los bautizaría en el Espíritu Santo.

✠ *¿Qué puedo aprender de este pasaje?*

Día 2: El bautismo de Jesús (3:13-17)

Jesús viajó desde Galilea al río Jordán para ser bautizado por Juan. Juan no quería bautizarlo, pues sabía que Jesús era superior a él. Sin embargo, Jesús insistió pues convenía que se cumpliese lo que Dios había dispuesto.

Jesús se acercó al bautismo, no como un pecador, sino como quien lleva sobre sí los pecados de todos los hombres y mujeres, solidarizándose así con los pecadores. Cuando salió del agua después de su bautismo, se abrieron los cielos y pudo verse al Espíritu de Dios en la forma de una paloma. Todos escucharon la voz del Padre que venía del cielo diciendo que se regocijaba en su Hijo. Fue así como el Espíritu Santo se hizo presente en el momento en que Jesús inició su ministerio y lo acompañó el resto de su vida. En su bautismo es cuando sabemos que Jesús es el Hijo de Dios.

Lectio divina

Dedica entre 8 y 10 minutos a la contemplación silenciosa del pasaje:

Juan bautiza con agua buscando la conversión, el arrepentimiento y que la gente abandone el pecado. Jesús bautiza con agua en el Espíritu Santo. Nuestro bautismo en Cristo se convierte en un nuevo nacimiento, ya que por medio de él, no solo nos convertimos en hijos de Dios, sino que el Espíritu nos da su fuerza para llevar al mundo la alegría de la Buena Nueva.

✠ *¿Qué puedo aprender de este pasaje?*

Día 3: Las tentaciones de Jesús (4:1-11)

La influencia del Espíritu en la vida de Jesús fue inmediata, ya que lo condujo al desierto, donde pasó cuarenta días y cuarenta noches en oración y ayuno. Se nos dice que ahí Jesús fue tentado. La palabra bíblica "tentar" en este caso significa "probar"; probar a la persona para ver si está lista y puede realizar la tarea que le será encomendada. Hoy en día se pone a prueba a aquellos que solicitan una licencia de conducir para saber si están en condiciones de manejar un coche o un avión. En aquella ocasión, Jesús fue tentado para ver si estaba en condiciones de iniciar su ministerio.

Después de cuarenta días de ayuno, el Diablo supo que Jesús tenía hambre y por ello lo tentó con alimentos: "Si eres Hijo de Dios, di que estas piedras se conviertan en pan" (Mt 4:3). Esta tentación recuerda el viaje de los israelitas por el desierto y el don del maná. Jesús rechazó la incitación de Satanás, respondiendo a la tentación con una cita del libro del Deuteronomio: no solo de pan vive el hombre, sino también de la Palabra de Dios (cf. 8:3).

En la segunda tentación, el diablo llevó a Jesús al punto más alto del Templo y, citando el Salmo 91, que describe la protección que Dios brinda a los suyos, lo desafió a que se lanzara desde la cima del Templo. De esa manera demostraría su confianza en Dios y quedaría claro que verdaderamente era Hijo de Dios. Es significativo que Satanás eligiera el Templo de Jerusalén como sitio para esta tentación, ya que es la morada de Dios y sin duda el lugar donde Dios protege de forma especial a los suyos. Jesús reconoce que es Dios quien tiene el control de la vida y que no podemos hacer que Dios actúe cada vez que queramos solamente para demostrar su poder. Ante esta tentación, Jesús responde con una cita del libro del Deuteronomio, donde se dice que no debemos poner a Dios a prueba (cf. 6:16). Ese patrón, por cierto, estuvo presente durante toda la vida de Jesús, pues la gente con frecuencia le pedirá que demuestre su poder y filiación divina a través de milagros. Y se repitió incluso cuando estaba en la cruz y la gente se burlaba de Él. Le decían que si realmente era Hijo de Dios, que entonces Dios lo bajara de la cruz. Jesús no les hizo caso, no iba a utilizar la cruz y la gloria de su resurrección, para satisfacer una simple curiosidad.

En la tercera tentación, el diablo llevó a Jesús a un monte alto y le mostró todos los reinos del mundo. Le prometió que tendría todo eso si le adoraba. Jesús no cayó en esta tentación a diferencia de los israelitas cuando estuvieron en el desierto y adoraron al becerro de oro. Permaneció fiel al Dios único y verdadero.

Después de estas tres tentaciones, Jesús pone el toque final dirigiéndose al demonio como "Satanás" y le despide con una cita del libro del Deuteronomio: adorarás al Señor tu Dios y solo a él darás culto (cf. Dt 10:20).

Jesús se negó a adorar los bienes materiales, en sus formas de alimento, de poder o de riqueza. Al vencer estas tentaciones, nos enseñó una vez más que Dios está presente en nuestras vidas y que el verdadero tesoro es la vida eterna.

Lectio divina

Dedica entre 8 y 10 minutos a la contemplación silenciosa del pasaje:

En este pasaje aprendemos de Jesús que no debemos ignorar las tentaciones, sino que necesitamos poner los medios para vencerlas. Además, nos enseña cómo Jesús pudo superarlas, porque nunca apartó la vista del amor de Dios y de la misión que Él le confió. De la misma manera, podemos vencer nosotros las tentaciones si mantenemos nuestra mirada fija en Cristo y en la vocación que Dios nos ha dado.

✠ *¿Qué puedo aprender de este pasaje?*

Día 4: Jesús comienza su ministerio en Galilea (4:12-25)

Juan Bautista había sido encarcelado por sus enemigos, pero la proclamación de la Buena Nueva no pudo ser silenciada. Tan pronto como Juan terminó su ministerio, Jesús comenzó el suyo en Galilea. Galilea estaba localizada en una zona muy transitada. Ahí confluían infinidad de caminos que llevaban a zonas lejanas. Ese territorio se había asignado a las tribus de Zabulón y Neftalí cuando los israelitas llegaron por primera vez a la tierra prometida y durante mucho tiempo había estado bajo ocupación gentil, es decir, no judía. Jesús hizo de Cafarnaúm la "base de operaciones" de su ministerio. Y esto, de acuerdo con

Mateo, era para que se cumpliera el plan de Dios proclamado por el profeta Isaías, quien había profetizado que la Buena Nueva de la salvación sería proclamada en esa tierra y llegaría a los gentiles (Is 8:21-9:01).

Jesús retomó el mensaje de Juan en el desierto haciendo un llamado a la conversión porque el Reino de los Cielos estaba cerca. Y es ahí, en Galilea, donde Jesús llama a sus primeros discípulos. Llama a Pedro y a su hermano Andrés a participar en su ministerio de llevar el mensaje del Reino a todas las personas. También invitó a Santiago y a Juan quienes, dejando a un lado su trabajo y familias, le siguieron. Mateo, al igual que Marcos, muestra que el discipulado consiste en una entrega completa e inmediata a Jesús.

Aunque Jesús se había instalado en Cafarnaúm, viajaba por toda Galilea, donde predicaba, enseñaba y curaba. Su fama se había extendido hasta Siria y "le seguía una gran multitud de Galilea, Decápolis, Jerusalén, Judea y Transjordania" (Mt 4:25).

Lectio divina

Dedica entre 8 y 10 minutos a la contemplación silenciosa del pasaje:

Mateo nos narra cómo Jesús llamó a sus primeros colaboradores, quienes al instante dejaron todo, incluso sus vínculos familiares, para descubrir qué era lo que aquel hombre les iba a enseñar. Su ejemplo nos motiva a darle a Jesús el primer lugar en nuestras vidas. Esto no significa dejar a la familia, el trabajo y los compromisos, y salir corriendo para convertirnos en misioneros, sino que sea precisamente en la familia, en el trabajo y en los compromisos de la vida cotidiana donde sigamos a Jesús. Que sus enseñanzas iluminen nuestra vida diaria.

✠ *¿Qué puedo aprender de este pasaje?*

Preguntas de reflexión

1. ¿Qué mensaje predicó Juan Bautista?
2. ¿Cómo y por qué Mateo muestra que Jesús es superior a Juan Bautista?
3. ¿Qué sucedió cuando Jesús salió del agua después de su bautismo?
4. ¿Cómo respondió Jesús a cada una de las tres tentaciones del diablo en el desierto?
5. ¿Por qué razón Jesús habrá llamado a pescadores para que fueran sus discípulos?

LECCIÓN 2

Los signos del Reino de los Cielos

MATEO 5-9

"Traten a los demás como quieren que los demás los traten. En esto consiste la Ley y los profetas Todo cuanto quieran que les hagan los hombres, háganlo también ustedes a ellos; porque ésta es la Ley y los Profetas" (7:12)

Oración inicial: *(Ver página 15)*

Contexto

Parte 1, Mateo 5-7: Mateo nos presenta uno de los discursos más conocidos del Nuevo Testamento: el Sermón de la Montaña. Comprende los capítulos 5 al 7. Nos narra cómo una muchedumbre se reúne en torno a Jesús. Con seguridad, entre la muchedumbre, se encontraban aquellos hombres que, habiendo dejado todo, le habían seguido. Inicia enseñándoles las ocho bienaventuranzas (3-11) en las que proclama como "dichosos" a aquellos que acepten la Alianza con Dios, es decir, el mensaje del Antiguo Testamento. Y a esto le añade una promesa que se cumplirá en el futuro, en la vida eterna. El autor sigue llamando a la gente a esperar con confianza la llegada del Reino de los Cielos. Vivir en el Reino de los Cielos significa vivir buscando en todo a Dios y no la gloria mundana.

Parte 2, Mateo 8: El autor inicia esta sección de su Evangelio mostrándonos a Jesús curando a un leproso, al criado del centurión y a la suegra de Pedro. También realiza grandes milagros en la región de Galilea: calma una tempestad y expulsa demonios, y deja claro que si alguien quiere seguirlo debe hacerlo de una manera total: "Sígueme, y deja que los muertos entierren a sus muertos" (Mt 8:22). Ser discípulo de Jesús tiene sus exigencias.

PARTE 1: ESTUDIO EN GRUPO (MT 5-7)

Leer en voz alta Mateo 5-7

Las bienaventuranzas (Mt 5:1-12)

¿En qué consiste la vida buena y cuál es el fin último de la vida? Ante esta pregunta todos responderíamos que vivir una buena vida significa ser felices, y ser felices significa poseer el bien completo, la suma de todos los bienes. Tener todos nuestros deseos satisfechos. Al hablar de bienes nos referimos a todo tipo de bienes: espirituales, materiales y emocionales. Entonces sí, la felicidad es la posesión de todos los bienes. ¿Qué significa vivir una vida buena? Jesús responde a esta pregunta en el Sermón de la Montaña, hablándonos sobre las bienaventuranzas. La palabra "bienaventuranza" significa "felicidad" o "bendición".

Las bienaventuranzas son una parte muy importante de las enseñanzas de Jesús, tan importante, que Mateo nos habla de ellas casi al inicio de su Evangelio. Responden al deseo natural de felicidad que Dios ha puesto en nuestros corazones. Nos enseñan el fin último al que Dios nos ha llamado, es decir, el reino de los Cielos (4:17), esto es, la visión de Dios (5:8). Para esto, Mateo compila muchos de los dichos de Jesús y nos lo presenta articulados en un discurso pronunciado en una montaña. Así como Dios entregó los mandamientos a Moisés en una montaña, así también Jesús da la nueva Ley en una montaña. Nos dice Mateo que Jesús se sentó y se la acercaron sus discípulos, y empezó a enseñarles.

Cada una de las ocho bienaventuranzas consta de dos partes. En la primera, Jesús declara bienaventurada a aquella persona que hace "algo" o que está pasando por "algo"; y en la segunda, dice cuál es la gracia o don que recibirán aquellos que practiquen dicha bienaventuranza.

En la primera, Jesús se dirige a los pobres de espíritu. Son aquellas personas que ponen su confianza en Dios y no en los bienes materiales. La pobreza de la que Jesús habla no se refiere a una condición económica, sino a una actitud espiritual, una forma de pensar, que se ve reflejada en la manera de actuar, La invitación por parte de Jesús a ser pobres de espíritu se aplica tanto a los que tienen dinero como a los que no, ya que los pobres de espíritu reconocen que todo lo que tienen viene de Dios.

En la segunda bienaventuranza, Jesús habla sobre los que lloran. Se afligen al ver el poder del mal en el mundo y lloran, no solo con lágrimas, sino con su preocupación activa por los que sufren. Es decir, ven el mal y les duele, ven a los que sufren y se preocupan por ellos. Los que practican esta bienaventuranza encuentran consuelo gracias a su confianza en Dios.

En la tercera bienaventuranza, Jesús enseña que los mansos heredarán la tierra. Esto parece difícil de creer. La cultura moderna nos dice que los mansos fácilmente van a ser hechos a un lado, vistos como menos y van a sufrir. ¿Cómo es entonces que van a heredar la tierra? Ante esto tenemos como ejemplo al mismísimo Jesús, quien fue manso de corazón (11:25-30), es decir, que se mantuvo firme ante las adversidades y cumplió hasta el final lo que se le había encomendado, aceptando la voluntad de Dios "hasta la muerte y un muerte de cruz" (Flp 2:8) y perdonando a los que lo habían crucificado. Cristo es nuestro ejemplo de verdadera mansedumbre, la cual no es debilidad, sino que nos lleva a comprender y a ser más considerados para con los demás.

En la cuarta bienaventuranza, Jesús habla sobre los que tienen hambre y sed de justicia, que son aquellos que buscan ser buenos, imparciales, honestos, rectos, íntegros y honrados, es decir, aquellos que buscan reflejar la santidad de Dios en el mundo, en su vida diaria, en su metro cuadrado personal. A esas personas Dios les colmará su hambre y sed de bondad, de caridad, de virtud, de integridad, en una palabra, de santidad.

La quinta bienaventuranza habla sobre la misericordia. La misericordia es uno de los atributos de Dios. Dios es misericordioso por excelencia, ya que siempre nos perdona, vela por nuestras necesidades, ama a todos y no toma revancha. Jesús nos dijo que aquellos que actúen con misericordia, serán tratados también con misericordia. Esta bienaventuranza refleja la manera en que Jesús actuó durante su vida terrenal. Él trataba a todos con compasión, incluso a aquellos que le quitaron la vida: "Padre, perdónalos, porque no saben lo que hacen" (Lc 23:34).

En la sexta bienaventuranza, Jesús habla sobre los que tienen limpio el corazón. Al hablar del corazón lo hace de forma figurativa. No habla del órgano del cuerpo que bombea la sangre y hace que esta llegue a todos nuestros órganos. Al hablar del corazón, se refiere a la sede de los pensamientos y de los sentimientos. Por eso, a veces nosotros decimos: "te quiero con todo mi corazón". La limpieza de corazón se refiere a los que son rectos, sencillos, sin dobleces; a los que, como dijo Santiago en su carta, su sí es sí y su no es no (5:12). Esos que tienen el corazón limpio, tienen la capacidad de ver la mano de Dios en todos los acontecimientos; están pendientes de Dios y de su actuar en el mundo, por tanto, llegan a percibir su acción en todos los aspectos de la vida.

Jesús habla en la séptima bienaventuranza de aquellos que trabajan por la paz. La paz no significa simplemente la ausencia de guerra. La paz de Dios implica vivir en armonía con los que nos rodean, actuando de manera cálida, acogiendo a los demás, consolando, amando. Aquellos que difunden la paz y la armonía de Dios en el mundo, están haciendo lo que hizo Jesús y, por tanto, son verdaderos hijos e hijas de Dios.

En la última bienaventuranza, Jesús se dirigió a los que son perseguidos por su fidelidad a Dios y al Evangelio. En esta se deja entrever que la comunidad a la que Mateo escribía estaba sufriendo persecución por creer en Jesucristo y Mateo busca dejarles claro cuán grande será su recompensa, ni más ni menos, que el Reino de los Cielos. Pero el mensaje también es para nosotros, para aquellos de nosotros que hoy en día también somos perseguidos por ser fieles a las enseñanzas de Jesús; ya sea que sus familiares se burlen de ellos, que en sus trabajos se les desprecie o que, incluso, lleguen a pagar con su vida por ser fieles. La recompensa por la persecución es el Reino de los Cielos.

Termina diciendo: "Bienaventurados serán cuando los injurien y los persigan y digan con mentira toda clase de mal por mi causa. Alégrense y regocíjense, porque su recompensa será grande en los cielos" (5:11-12). La persecución no es lo importante, sino la razón por la cual se acepta esa persecución, esto es, por ser fieles a Jesús.

La sal y la luz (5:13-16)

En los tiempos de Jesús la sal tenía dos principales usos: sazonar y conservar los alimentos. Sus oyentes utilizaban la sal del Mar Muerto, que perdía fácilmente su sabor con el paso del tiempo y ya no podía utilizarse. Jesús se vale de esta comparación para hacerles ver que lo mismo sucede con los discípulos que pierden la razón de su actuar, su alegría, su paz, su unión con Dios. Esos discípulos ya no tendrán nada que ofrecer y se volverán tan inútiles como la sal que ha perdido su sabor.

Jesús también compara a sus discípulos con la luz, y no con una luz cualquiera, sino con la luz del mundo. Ellos serán los encargados de llevar la luz de Cristo a los demás para que puedan ver. Les llama a hacerse presentes en el mundo, a ayudar a otros a ver el obrar de Dios. Los discípulos no pueden esconder a

Cristo, sus enseñanzas no se guardan debajo de la cama o en un cajón. Hace una importantísima invitación a aquellos que lo quieren seguir. Los invita a actuar de forma que, cuando los hombres los vean, den gloria a Dios.

La antigua y la nueva ley (5:17-20)

¿Por qué muchas personas tienden a ver la ley de Dios como algo negativo, cuando Dios nos la dio como una ayuda para llegar a Él? Su ley es como el pasamanos de una escalera: lo utilizamos para sostenernos al ir subiendo o bajando. Nos ayuda a no caernos, a no resbalarnos; en la noche, si no vemos bien los escalones, el pasamanos nos da seguridad. Lo mismo sucede con la ley de Dios, vista positivamente es una gran ayuda dada por Dios para caminar directo a Él.

Para el pueblo de Israel, la Ley se refería a los cinco libros del Pentateuco que explican los mandamientos y normas de Dios para su pueblo. Mateo, que tiene un gran amor por la Ley, deja muy claro en este pasaje que con la llegada de Jesucristo, la antigua ley alcanza su plenitud ya que lo que Jesús hace es perfeccionarla, explicándonos cómo podemos cumplirla con totalidad. Nos deja una nueva ley que se basa en la antigua ley, por tanto, no es que derogue a la antigua, sino que la completa. Incluso, informa a sus oyentes que Él ha venido para que se cumpla y que aquellos que quebranten uno solo de esos mandamientos, por pequeño que sea, o que enseñe a otros a hacerlo, será el menor en el Reino de los Cielos. Pero, por el contrario, aquel que los cumpla y que los enseñe, ese será grande en el Reino de los Cielos.

"Pero yo les digo…" (5:21-48)

Después de haber instruido a la multitud que se encontraba reunida a su alrededor en la montaña sobre cuán valiosa era la ley de Dios, Jesús comenzó a detallar varias de esas leyes, para que quedara totalmente claro como él las venía a perfeccionar. Para ello utilizó seis frases conocidas como antítesis, las cuales consisten en pares de afirmaciones que contrastan entre sí. Cada una de las seis inicia con: "ustedes han oído…", seguida de "pero yo les digo…". En la primera parte, cuando dice "ustedes han oído" Jesús dice alguna de las leyes y en la segunda parte cuando dice "pero yo les digo…" que es donde Él nos ofrece una interpretación más profunda.

El pecado no se da de manera espontánea, sino que primero crece como una semilla en el corazón de uno y, si no se controla, seguirá creciendo como una mala hierba. Sobre esto trata la primera antítesis: "Ustedes han oído que se dijo a los antiguos 'no matarás'" (5:21), recuerda la prohibición del Antiguo Testamento concerniente al homicidio (Ex 20:13; Dt 5:17). Jesús les dijo a sus oyentes que la ira, el lenguaje abusivo y el desprecio merecen un juicio tan duro como el de un asesinato. Y continuó diciendo que es indispensable buscar la reconciliación con los demás. Esto es tan importante, que antes de llevar al altar una ofrenda a Dios, es necesario reconciliarse con el prójimo.

La segunda antítesis puede parecernos muy radical. Es la concerniente al adulterio (Ex 20:14; Dt 5:18). Mirar con lujuria a una mujer significa que el pecado ya ha sido cometido en el corazón. Evitar este pecado debe ser tan radical como arrancarse un ojo o cortarse una mano. Nos puede parecer que Jesús está exagerando, pero lo que sucede es que para Él es importantísimo que elijamos la vida de Dios, una vida que trae alegría y felicidad, por lo que si algo nos aleja de Él, hay que arrancarlo.

La intención de Dios y el ideal desde el principio fue que el hombre y la mujer se unieran indisolublemente en matrimonio como "una sola carne" (Gn 2:23-24). Ese ideal se encuentra realizado ya en la unión indisoluble entre Adán y Eva. Ellos son el patrón y símbolo de todos los que estaban por venir. Moisés permitió el divorcio como una concesión a la vista de un ideal perdido (Mc 10:2-9). Jesús establece nuevamente el alto ideal del estado matrimonial y da su gracia a los que tratan de seguir ese camino.

La tercera antítesis trata sobre la ley del divorcio que existía en tiempos del Antiguo Testamento. Jesús recuerda a sus oyentes que los hombres le podían dar un acta de divorcio a su esposa (Dt 24:1); pero les advierte que un hombre que se divorcia de su esposa, en realidad la pone en ocasión de cometer adulterio.

Pasando a la cuarta antítesis, Jesús prohibió jurar. Tal parece que Jesús cambió la prohibición de no jurar en falso (Lv 19:12) a no jurar en absoluto. Jesús abordó el tema de la honestidad y la lealtad en la conducta del hombre. Pide fidelidad a la palabra dada, que tu sí sea sí, y tu no sea no (5:39). Jesús nos enseña el amor incondicional a la verdad; nuestras palabras deben ser confiables.

En la quinta antítesis, Jesús citó la ley del talión que decía: "Ojo por ojo y diente por diente" (5:38). Si a una persona le habían arrancado un ojo, solo podía arrancar un ojo a su agresor, y no le estaba permitido hacerle más daño. Aunque la ley suena dura, en realidad estaba destinada a limitar la venganza, pues el castigo no podía superar al crimen (Ex 21:24.) y era, en realidad, un primer paso hacia la misericordia. Pero Jesús va mucho más allá de la ley. Afirma que no solo no hay lugar para la venganza, sino que debemos tratar bien a los que nos tratan mal. Y Él mismo es el gran ejemplo, pues aceptó los insultos e incluso la muerte sin guardar resentimiento ni rencor.

La actitud que Jesús quiere ver en nosotros es la de una total entrega a quien esté necesitado. Esa enseñanza no está en contra de que nos defendamos ante las injusticias y de ningún modo es una invitación a que nos dejemos hacer daño o a que permitamos a otros abusar de nosotros.

En la última de las antítesis, Jesús recuerda el mandato de la ley de amar al prójimo (Lv 19:18.). Cabe decir que en ninguna parte del Antiguo Testamento se encuentra un mandato de odiar a los enemigos. Probablemente se trataba de una falsa interpretación, pues los israelitas miraban con odio a todos los que querían destruir su religión.

Pero Jesús fue mucho más allá: exhortó a amar a los enemigos y a rezar por los que nos persiguen. Nuestro amor por los demás, incluso por los que son ingratos y mezquinos con nosotros, debe estar marcado por la misma bondad y misericordia con que Dios abraza a santos y a pecadores. Y como Dios busca nuestro bien, nos enseña también a buscar el bien de los demás. Es fácil mostrarnos bondadosos con aquellos que son bondadosos con nosotros, pero qué difícil es hacerlo cuando no podemos esperar nada a cambio. Jesús nos invita a practicar el amor perfecto de Dios, a amar como Él lo hace, esto es, a amar a todos. Debemos tener presente que esto no deja de ser un *mandato* de Dios, por más difícil que parezca llevarlo a la práctica.

Oración, ayuno y limosna (6:1-18)

En el capítulo anterior de Mateo, Jesús exhortó a la muchedumbre a ser perfectos como Dios es perfecto (5:40). Pero, al inicio de este capítulo, Jesús deja claro que no se trata de impresionar a los demás en el intento: "Cuídense de no practicar su justicia delante de los hombres para ser vistos por ellos; de lo contrario no tendrán recompensa de su Padre que está en el cielo" (6:1). Nos recordó qué tentador es tratar de presentarnos como buenos y virtuosos ante los ojos de los demás y también qué inútil.

Jesús habló de tres prácticas: dar limosna, hacer oración y ayunar. Estas eran vistas como acciones fundamentales de una persona piadosa, agradables a Dios, que se hacen merecedoras de la recompensa divina. En primer lugar habló de la limosna.

En el tiempo de Jesús, la limosna era considerada como un acto religioso muy necesario, ya que la mayoría de las personas eran pobres y dependían de estas ayudas para sobrevivir. Jesús advirtió que aquellos que daban limosna para ser reconocidos ya habían recibido el premio que buscaban; en cambio, aquellos que las daban sin hacer mayor ostentación, solo para que Dios los viera, recibirían de Dios la recompensa.

La segunda práctica piadosa de la que habló Jesús fue la actitud apropiada para la oración. Los judíos eran conocidos por su dedicación a la oración. Había oraciones que rezaban durante el día a horas fijas y tenían un rezo para cada ocasión. Jesús previno a sus discípulos de hacer de la oración algo mecánico, sin un verdadero encuentro con Dios. Al invitar a hacer oración en secreto, no estaba hablando en contra de la oración comunitaria, más bien lo que pedía era no practicar la oración para ser admirado por los demás.

Además, enseñó a sus discípulos a orar, dándoles la oración que llamamos el "Padrenuestro", en la cual se utiliza la palabra hebrea "Abbá", que denota familiaridad y confianza absoluta en Dios. Nos enseñó a llamar a Dios "Padre" y a decir que es "nuestro", haciendo hincapié en que somos parte de la comunidad de los hijos de Dios, que le pedimos aquello que necesitamos para vivir como sus hijos. Los seguidores de Jesús y de los primeros conversos del judaísmo jamás se hubiesen atrevido a dirigirse a Dios de esa manera de no haber sido por las palabras de Jesucristo.

En el "Padrenuestro", al decir que el nombre de Dios es santo, estamos afirmando que Él es la perfección absoluta. Le pedimos que, como rey que es, establezca su reinado entre nosotros y así será posible que se cumpla su voluntad, tanto en la tierra como en el cielo.

Las siguientes tres peticiones versan sobre nuestras necesidades humanas. Pedimos el pan de cada día, reconociendo no solo nuestra necesidad de su ayuda, sino sobre todo su capacidad de ayudarnos, es decir, su providencia. En la segunda petición reconocemos que necesitamos que perdone nuestras faltas y que el camino para ganar ese perdón consiste en que nosotros también perdonemos a los demás. En la tercera y última petición, le decimos que nos libre del mal y de la prueba o tentación, esto es, que no permita que seamos probados más allá de nuestras fuerzas.

Finalmente Jesús habló sobre el ayuno. Nos pide que ayunemos sin que los demás lo noten, presentándonos ante ellos con un rostro limpio, y nos promete que Dios, que ve todo, nos recompensará.

Confianza en Dios (6:19-34)

Después de que Jesús enseñó a sus discípulos cómo orar con confianza, buscó enseñarles cómo elegir entre una cosa u otra, ya que cualquier ser humano tarde o temprano tendrá que tomar decisiones. Ante la multitud que le escuchaba en la montaña, Jesús dio una serie de ejemplos de cómo tomar esas decisiones.

En el primer ejemplo utilizó la imagen del tesoro: "No amontonen tesoros en la tierra donde hay polilla y herrumbre que corroen" (6:19) En un mundo donde todos tratamos de encontrar el tesoro que trae la seguridad y la felicidad, Jesús exhortó a los discípulos a que eligieran lo que dura para toda la eternidad. Terminó su enseñanza diciendo: "donde esté tu tesoro, allí estará también tu corazón" (6:21).

En el segundo ejemplo utilizó la imagen del ojo. En la época de Jesús, se creía que la luz entraba al cuerpo a través del ojo. Una persona ciega no solo carecía de visión, sino que también tenía oscuridad interior. Jesús habló de la luz y la oscuridad espiritual, invitando a elegir la luz de la fe y no la oscuridad que trae consigo la falta de fe.

El tercer ejemplo trató sobre el dinero, utilizando la primicia de que es imposible servir a dos señores, refiriéndose a Dios y al dinero. Buscar servir a los dos llevará a una división interna. Para los seguidores de Jesús, Él es el tesoro.

Continuó utilizando las imágenes para darnos una lección de cómo podemos confiar en Dios totalmente. Esta vez utilizó la naturaleza, esto es, aves y flores. Si Dios a las aves del cielo, que no son tan importantes como los seres humanos, las cuida, y a las flores del campo las viste esplendorosamente, cuanto más no hará por nosotros sus hijos. Anima a dejar a un lado la ansiedad y las preocupaciones, pues estas le roban al corazón la confianza en la misericordia y bondad divinas, y en su cuidado por nosotros. Jesús nos invita a buscar primero las cosas de Dios, pero eso no debe entenderse como dejar de trabajar o prever razonablemente el futuro. Simplemente nos está advirtiendo para que no pongamos las necesidades materiales por encima de nuestro deseo de Dios. Si nuestra preocupación por las cosas de este mundo es recta, nunca habrá un conflicto entre esta y nuestro deseo de agradar al Señor.

Jesús sigue enseñando en la montaña (7:1-29)

En este capítulo Mateo recopila diversas enseñanzas de Jesús sobre cómo deben proceder sus discípulos, quienes en el futuro compartirán el verdadero mensaje de Dios. Inicia con el mandato de vivir la caridad, de manera especial a la hora de juzgar. Qué fácil es juzgar a los demás y qué difícil es ser imparcial, ya que no podemos ver el interior de los demás y sus motivaciones; por otra parte, no conocemos los pormenores que llevan a alguien a hacer algo. Quien sí conoce el interior de las personas, es Dios; dejémosle a Él emitir el juicio.

A continuación Jesús habla sobre cómo sería inconcebible dar a los perros lo que es santo o arrojar las perlas a los cerdos. ¿A quién se le ocurriría hacer algo así? Las cosas santas y valiosas como el Reino de Dios se cuidan. Podemos rechazar o ignorar ese gran regalo o, peor aún, podemos arrastrarlo por el fango de la conducta pecaminosa tirándolo por completo a la basura.

Hablando sobre la oración dice: "Pidan y se les dará" (7:7) Jesús buscó dejar muy, pero muy claro, que Dios escucha nuestras oraciones. Usó el ejemplo del padre. ¿Cómo puede un padre amoroso no darle a su hijo lo que es bueno o, incluso, darle algo que le va a hacer daño? Al final, Jesús hace una afirmación extraordinaria: Nuestro Padre celestial da más allá de nuestras expectativas.

Sigue una serie de recomendaciones: "Todo cuanto quieran que les hagan los hombres, háganlo también ustedes ellos" (7:12). "Entren por la entrada estrecha; porque ancha es la puerta y espacioso el camino que lleva a la perdición" (7:13). "Guárdense de los falsos profetas que vienen con disfraces de ovejas, pero por dentro son lobos rapaces. Por sus frutos los conocerán" (7:15-16). "No todo el que me diga: ¡Señor, Señor!, entrará en el Reino de los Cielos, sino el que haga la voluntad de mi Padre que está en los cielos" (7:21).

Jesús terminó el Sermón de la Montaña con una parábola, comparando una casa construida sobre roca con una construida sobre arena. Aquellos que escuchan las palabras de Jesús ven su fe fortalecida ya que construyen su casa sobre roca, mientras que los que no escuchan las palabras Jesús construyen sobre arena y su fe se derrumbará cuando llegue la prueba. La forma en que construyamos nuestra casa determinará si podemos sobrevivir a las tormentas de la vida, las cuales seguramente vendrán tarde o temprano.

Preguntas de reflexión

1. ¿Cuáles son las bienaventuranzas que se encuentran en el Evangelio de Mateo, y cuál es el significado de cada una (los pobres de espíritu, los que lloran, los mansos, los que tienen hambre y sed de justicia, los misericordiosos, los limpios de corazón, los pacíficos, y los que sufren persecución por seguir a Jesús)?

2. ¿Qué dice Jesús acerca de la ira, el adulterio, el divorcio, los juramentos, las represalias, y el amor al prójimo?
3. ¿Cuál es el mensaje que nos enseña Jesús al hablar de la limosna, la oración y el ayuno?
4. ¿Qué parte del Padrenuestro es la que más te gusta?
5. Jesús nos dice: "Traten a los demás como quieren que los demás los traten" ¿Por qué se le llaman a estas palabras la regla de oro?
6. ¿Cuál es el mensaje de la parábola que habla sobre la casa construida sobre roca y la construida sobre arena?

Oración final: *(Ver página 15)*

Hacer la oración final ahora o después de la *Lectio divina*

Lectio divina: *(Ver página 8)*

Relaja tu cuerpo y mantén una postura de oración (sentado, ojos cerrados, ambos pies en el piso). Este ejercicio puede tomar el tiempo que sea necesario. En el contexto de este estudio de Biblia, de diez a veinte minutos son suficientes. El propósito de la Lectio divina es ayudarte a entrar en la dinámica de la oración y contemplación de la Palabra de Dios, que puedas entablar un diálogo con Dios en lo más íntimo de tu corazón. Ve la página 8 para más instrucciones.

Las bienaventuranzas (5:1-12)

Dedica de 8 a 10 minutos a contemplar en silencio el pasaje:

Cuando Mateo escribe sobre las bienaventuranzas, habla sobre la actitud que los seguidores de Jesús deben tener, una actitud de pobreza de espíritu, de misericordia, de limpieza de corazón, de buscar la paz, en fin, de preocuparse por los demás. Todas estas virtudes las encontramos en Cristo. El que practica bien una de las bienaventuranzas, practica todas.

✠ *¿Qué puedo aprender de este pasaje?*

La sal y la luz (5:13-16)

Dedica de 8 a 10 minutos a contemplar en silencio el pasaje:

Jesús no nos pide que seamos campeones de natación ni que corramos maratones ni que seamos estudiantes brillantísimos para ser sal de la tierra o luz del mundo. Lo que nos pide es que estemos dispuestos a ser generosos y a confiar en Dios. Generosidad no significa solo compartir dinero o bienes materiales. Es mucho más. Significa compartir también cariño, tiempo, prestar atención, etc.

✠ *¿Qué puedo aprender de este pasaje?*

La antigua y la nueva ley (5:17-20)

Dedica de 8 a 10 minutos a contemplar en silencio el pasaje:

Jesús dejó muy claro que la esencia de la ley de Dios, sus mandamientos y modo de vida, tienen que ser cumplidos, ya que la ley de Dios es la verdad y cuando vivimos de acuerdo con la verdad, vivimos con paz y alegría. Jesús quería que la ley de Dios se cumpliera de manera más total, por eso nos enseña la superioridad de la nueva ley de Dios que nos señala el camino del amor; el amor a Dios y el amor al prójimo. Como sus seguidores, debemos amar lo que Él ama. ¿Amo los mandamientos del Señor? El amor es la guía y principio de todas las leyes.

✠ *¿Qué puedo aprender de este pasaje?*

"Pero yo les digo..." (5:21-48)

Jesús con sus seis antítesis dejó claro que hay que esforzarse para ser no solamente buenos, sino perfectos como Dios es perfecto. El significado original de "perfecto" en arameo es "completo", denota un sentido de totalidad, de no carecer de lo esencial. Por tanto, Dios es totalmente completo y así quiere que seamos también nosotros. Para eso Dios nos da todo en Jesucristo, para que no nos falte nada, para que podamos hacer su voluntad y vivir como sus hijos. Él conoce mejor que nosotros mismos nuestra fragilidad, pero nos asegura su amor, su misericordia y su gracia para seguir el camino que nos marca. ¿Quiero crecer en su amor? Este desafío solo puede ser realizado con la ayuda del Espíritu Santo, quien viene a nosotros cuando cultivamos el hábito de la oración diaria.

✠ *¿Qué puedo aprender de este pasaje?*

La oración, el ayuno y la limosna (6:1-18)

El padrenuestro incluye todo lo que necesita la oración cristiana: alabamos a Dios, suplicamos su ayuda, le pedimos que perdone nuestros pecados, solicitamos su protección contra las tentaciones y contra el mal. Al pedirle que nos perdone, añadimos unas palabras muy exigentes: "como también nosotros perdonamos a los que nos ofenden". Estamos pidiendo a Dios que nos perdone en la medida en que nosotros perdonamos a los demás. Perdonar a quienes nos

han ofendido, significa también orar por su salvación espiritual ¿Lo hace[...]
Limosna, orar con confianza, perdonar y ayunar, son las actitudes que Jesú[...]
busca en sus discípulos.

✠ *¿Qué puedo aprender de este pasaje?*

La confianza en Dios (6:19-34)

Jesús nos invita a tener una visión más amplia de nuestra vida, nos invita a poner nuestra mirada en la vida eterna. Conoce las tentaciones y distracciones que nos asechan en la vida; pero nos dice que debemos mirar más allá, mirar hacia la vida eterna, para así guardar nuestros tesoros en el cielo, donde nuestra riqueza nunca se perderá y donde encontraremos la felicidad que no se acaba, ya que aunque vamos a morir, nunca vamos a dejar de existir. Entonces, será el momento de reclamar nuestro tesoro.

✠ *¿Qué puedo aprender de este pasaje?*

Respetar a los demás (7:1-12)

En una ocasión, una mujer quedó atrapada bajo un coche volcado. Mientras los rescatistas trataban de liberarla, un hombre al que la mujer nunca había visto estaba tendido en el suelo sosteniéndole la mano, hablando y orando con ella. Esto duró varias horas. Finalmente, cuando liberaron a la mujer y la subieron a la ambulancia, esta le dio las gracias y le pregunto por qué se había quedado tanto tiempo en esa posición tan incómoda. Él respondió: "Me pregunté a mí mismo qué me gustaría que alguien hiciese por mí en una situación similar". Jesús dijo: "Traten a los demás como quieren que los demás los traten". Esta frase es conocida por muchos como la "regla de oro" y tiene un valor eterno.

✠ *¿Qué puedo aprender de este pasaje?*

La puerta estrecha (7:13-29)

Como cristianos, se nos invita a entrar por la puerta estrecha. Esta es una puerta de amor, entrega y preocupación por los demás. Entramos por ella cuando seguimos el mensaje de amor que nos dejó Jesús. A veces habrá alegría y otras, sacrificio.

ısaje de Jesús es una cosa; pero vivirlo, significa que somos
ıs discípulos.

ırender de este pasaje?

.. JIO INDIVIDUAL (MT 8)

Día 1: Jesús cura a un leproso (8:1-4)

En los tres capítulos anteriores, Jesús fue presentado como maestro que enseña con autoridad. En este capítulo y en el siguiente, Mateo nos muestra el poder de Jesús capaz de curar enfermedades, calmar tempestades, resucitar muertos y sacar demonios.

Cuando Jesús iba bajando de la montaña, se le acercó un leproso a pedirle que lo curara. Esta petición era algo fuera de lo común ya que los leprosos estaban marginados de la sociedad. Su estado físico era terrible, su piel se iba descomponiendo, y sus brazos y piernas se desintegraban. Eran rechazados incluso por sus familiares. La ley judía les prohibía acercarse a los demás para no contaminarlos. El leproso hizo algo impensable para la sociedad de su tiempo: se acercó a Jesús con confianza y humildad, para pedirle que lo curara. Jesús, por su parte, hizo lo inimaginable, ¡tocó lo intocable! Ordena que el hombre quede limpio y así sucede.

Jesús le ordenó que fuese ante un sacerdote para que, de acuerdo con la ley de Moisés, este lo declarase limpio de la lepra. Así vemos cómo Jesús, aun siendo Dios, obedeció a la Ley. Esta es la primera de varias ocasiones en que Jesús se muestra preocupado por los marginados de la sociedad.

Lectio divina

Dedica entre 8 y 10 minutos a la contemplación silenciosa del pasaje:

La curación del leproso nos muestra, no solo que Jesús tiene poder para hacer milagros, sino también la compasión de Dios a través de Jesús, quien es la imagen del Dios invisible. Dios no desea que la gente que sufra, pero el sufrimiento se da ya sea física o emocionalmente. Como cristianos, debemos esforzarnos por seguir el ejemplo de Jesús, que se muestra compasivo con quienes sufren enfermedades físicas.

✠ *¿Qué podemos aprender de este pasaje?*

Día 2: Jesús sana al siervo del centurión y a la suegra de Pedro (8:5-17)

En la época de Jesús los judíos odiaban a los romanos porque habían conquistado a su nación y los tenían sometidos. Además, tenían creencias religiosas muy distintas a las judías, pues adoraban a muchos dioses. Y es precisamente un centurión romano quien se acerca a Jesús con la petición de que cure a su criado que estaba enfermo en su casa.

Cuando Jesús le dice que irá a su casa a curar al siervo, el centurión muestra todavía más su fe al decirle: "Señor, no soy digno que entres bajo mi techo, basta que lo digas de palabra y mi criado quedará sano" (8:8). La Iglesia utiliza estas palabras en la Celebración Eucarística. Como resultado de la fe del centurión, Jesús le envió a casa con la seguridad de que su siervo había sanado.

Jesús también curó a la suegra de Pedro, a los enfermos que le presentaron y expulsó demonios.

Lectio divina

Dedica de 8 a 10 minutos a la contemplación silenciosa del pasaje:

Creemos que podemos orar por alguien que está lejos de nosotros, ya que el fundamento de toda oración es la fe. El centurión creyó que Jesús podía realizar ese milagro sin siquiera tener que estar físicamente junto a su siervo. El centurión no solo era valiente, también tenía mucha fe. Corrió el riesgo de que sus amigos se burlaran de él al pedir ayuda a un judío. Era un hombre de una extraordinaria fe y valentía que, además, amaba sinceramente a su siervo. ¿Estoy dispuesto a correr el riesgo de ser ridiculizado por mi fe? ¿Cómo me acerco a Jesús cuando necesito ayuda?

✠ *¿Qué puedo aprender de este pasaje?*

Día 3: Exigencias del seguimiento de Jesús (8:18-22)

Por amor el Señor llama personalmente a cada uno a seguirlo y lo invita a ser su discípulo. Esto es un gran privilegio y una gran responsabilidad. Mateo ahora presenta un mensaje sobre la radicalidad que implica ser discípulo de Jesús. Era necesario que todos aquellos que querían seguirlo supieran con claridad cuáles eran sus exigencias. Así no habría "sorpresas". El primero fue un escriba, quien llamó a Jesús "Maestro". Jesús le advirtió que si lo seguía no tendría ni donde "recostar la cabeza". Eso significaba que debía estar listo para viajar constantemente por la causa del Evangelio.

Otro le pidió que le permitiera primero ir a enterrar a su padre. En realidad, esto no significaba que su padre acabara de morir y que por tanto debía ir enterrarlo, más bien, lo que el aspirante a discípulo quería decir era que le permitiera vivir en su casa hasta que su padre muriera y él quedara entonces libre. Jesús le recuerda que la dedicación al Reino debe ser inmediata y completa. Al decir que debe dejar que los muertos entierren a sus muertos, se refiere más bien a personas que viven sin fe y que, por tanto, están espiritualmente muertas, esto es, rodeadas por preocupaciones mundanas.

Lectio divina

Dedica de 8 a 10 minutos a la contemplación silenciosa del pasaje que acabamos de estudiar. Considera también lo siguiente:

San Francisco de Asís renunció a una gran riqueza para convertirse en un seguidor pobre de Cristo. A la mayoría de nosotros se nos haría difícil vivir como san Francisco; sin embargo, algo que sí podemos hacer es permanecer en nuestra casa amando a nuestra familia y poniendo nuestro amor a Dios en el centro.

✠ *¿Qué puedo aprender de este pasaje?*

Día 4: Jesús calma la tempestad (8:23-27)

Mateo nos dice que los discípulos subieron con Jesús en una barca. Una violenta tormenta causó pánico entre ellos, los cuales despertaron a Jesús que estaba dormido. Le rogaron que los salvase. Jesús los reprendió por su falta de fe, calmó la tormenta, amonestó al viento y al mar.

¡Vaya escena de majestuoso poder! Esto llevó a los discípulos a preguntarse: "¿Quién es éste, que hasta los vientos y el mar le obedecen?" (8:27).

Lectio divina

Dedica entre 8 y 10 minutos a la contemplación silenciosa del pasaje:

El Señor está siempre presente con nosotros y en tiempo de prueba nos hace la misma pregunta que hizo a sus discípulos en el lago: ¿Por qué tienes miedo? ¿No tienes fe? ¿Sabemos reconocer la presencia del Señor en medio de las tormentas, del dolor, la tentación o la adversidad?

✠ *¿Qué puedo aprender de este pasaje?*

Día 5: Jesús expulsa a los demonios (8:28-34)

Mateo habla de dos hombres que estaban poseídos por demonios. La fuerza destructiva de estos endemoniados era evidente para todos. A petición de los demonios, Jesús los envió a una piara de cerdos y se tiraron por el acantilado al agua. Esta es una acción simbólica para librar a la tierra de los demonios.

Después de que Jesús liberó a los endemoniados, toda la ciudad salió a su encuentro y le rogaron que se marchase. Nadie había demostrado tal poder y autoridad en contra de las fuerzas de los demonios como Jesús.

Lectio divina

Dedica entre 8 y 10 minutos a la contemplación silenciosa del pasaje y considera lo siguiente:

Una parte importante de ser discípulo de Jesús es estar abiertos a ser rechazados, incomprendidos o acusados. Los discípulos de Jesús intentarán aclarar las acusaciones falsas; pero seguirán siendo fieles a sus buenas acciones, a pesar de las consecuencias.

✠ *¿Qué puedo aprender de este pasaje?*

Día 6: Jesús cura y perdona el pecado (9:1-8; 18-26)

En este capítulo veremos varias curaciones realizadas por Jesús. La primera es a un hombre paralítico a quien le perdonó sus pecados, cosa que molestó a los escribas. Jesús, habiendo leído sus pensamientos, curó al hombre de su enfermedad física. Nos puede parecer extraño que primero perdonara sus pecados y luego curara su parálisis. En realidad, en el pueblo judío existía la creencia de que solo Dios podía perdonar los pecados y que el verdadero signo de perdón era una buena salud. Para demostrar que efectivamente los pecados del paralítico le habían sido perdonados, Jesús lo cura.

Así, Jesús no solo demostró que su autoridad venía de Dios, sino que mostró el poder del amor y de la misericordia divinos para perdonar pecados y curar dolencias físicas. El Señor está siempre deseoso de traer sanación de mente, de cuerpo y de alma. En la época en que Mateo escribió su Evangelio, los miembros de la naciente Iglesia creían firmemente que Dios había transmitido a sus discípulos el poder de perdonar los pecados.

Otros milagros que nos narra Mateo son el de la curación de una mujer que llevaba doce años padeciendo hemorragias, la cual quedó curada con tan solo tocarle el borde de su manto, y el de una niña que estaba muerta y a la que Jesús resucitó. Las personas que se encontraban en circunstancias desesperadas nunca quedaron decepcionadas cuando buscaron a Jesús. Él hacía renacer la esperanza donde parecía no haber ningún motivo para ella. Al dirigirse a la mujer, le dijo: "¡Ánimo!, hija, tu fe te ha salvado" (9:22). Y a los que lloraban la muerte de la niña les dijo: Retírense; no está muerta, sino dormida (cf. 9:24)

En ambos casos vemos la preocupación personal de Jesús por las necesidades de los hombres, su disposición para sanar y restaurar la vida, y el amor infinito de Dios que abarca a todos.

También Jesús sanó a dos ciegos, quienes le seguían por el camino gritándole que tuviera piedad de ellos. Jesús puso a prueba su fe, aparentemente ignorando sus gritos. Finalmente, cuando se le acercaron, le pidieron que tuviese compasión de ellos. Jesús volvió a desafiar su fe preguntándoles si creían que él podía curarlos. Su curación fue producto de su fe.

Finalmente sana a un mudo endemoniado. "La gente, admirada, decía: 'Jamás se vio cosa igual en Israel'" (9:33). ¿Cómo podían los milagros de Jesús causar asombro y desprecio al mismo tiempo? Las multitudes miraban con asombro las maravillas que hacía, pero los líderes religiosos atribuían sus milagros al poder del diablo y se negaban a reconocerlo como Mesías

Lectio divina

Dedica entre 8 y 10 minutos a la contemplación silenciosa del pasaje:

> Es la fe la que abre el camino para que podamos ver el poder del Reino de los Cielos y experimentar su presencia en nuestras vidas. La palabra "misericordia" significa literalmente "triste en el corazón". Pero la misericordia es algo más que un sentimiento de compasión o pena por la desgracia ajena. La compasión se identifica con la víctima, pero la misericordia va más allá, ya que lleva a hacernos uno con la persona que se encuentra en desgracia. Nos lleva a hacer su sufrimiento nuestro. En Jesús vemos la plenitud de la misericordia de Dios, pero a la vez vemos el poder de su Reino, poder para salvar de la muerte y la destrucción, poder para perdonar pecados y quitar el peso de la culpa, poder para sanar enfermedades y liberar a los oprimidos. Jesús nunca se negó a llevar la misericordia de Dios a aquellos que sinceramente la buscaban. ¿Cómo se puede buscar y obtener la misericordia de Dios?

✠ *¿Qué puedo aprender de este pasaje?*

Día 7: El llamado de Mateo (9:9-17)

En la época de Jesús los habitantes de Palestina, la región del mundo donde nació, vivió y murió Jesús, estaban divididos básicamente en dos grupos. En el primero estaban aquellos que observaban minuciosamente la Ley y todas sus normas, y el resto. Los primeros trataban a los segundos como ciudadanos de segunda clase. Evitaban su compañía, no comían, ni se casaban o hacían negocios con ellos. Por su parte, Jesús sí trataba con ellos. Estaba cerca de los publicanos y pecadores, comía en sus casas. Esto sorprendió y disgustó mucho a aquellos que creían que la observancia de la Ley, costara lo que costara, era lo más importante.

Para este grupo, el que Jesús hubiese llamado a Mateo para que fuese su discípulo, causó gran enfado e irritación, ya que Mateo era recaudador de impuestos, profesión despreciada por ellos. Cuando los fariseos desafiaron su comportamiento poco ortodoxo, la defensa de Jesús fue bastante simple: "No necesitan médico los que están fuertes, sino los que están mal" (9:12).

Lectio divina

Dedica entre 8 y 10 minutos a la contemplación silenciosa del pasaje. Ten presente estas ideas:

Puesto que Jesús comió y bebió con los pecadores a lo largo de su vida, podemos suponer que Él recibe a los pecadores en nuestra Celebración Eucarística. En las Escrituras, los pecadores se convirtieron en seguidores de Cristo, participando en una comida. Los pecadores pueden convertirse en seguidores de Cristo cuando se les da la bienvenida a la Celebración Eucarística.

✠ *¿Qué puedo aprender de este pasaje?*

Preguntas de reflexión

1. ¿Qué mensajes podemos obtener de la curación del leproso?
2. ¿Por qué sorprendió a Jesús la fe del centurión?
3. ¿Cuál es el "mensaje radical" de Jesús para sus seguidores o discípulos?
4. ¿Qué aprendemos de la historia de Mateo, el recaudador de impuestos?
5. ¿Qué papel juega la fe en la curación de los dos ciegos y de la mujer que padecía una hemorragia?

Discurso misionero, oposición y Las parábolas del Reino

MATEO 10-14

"Y todo aquel que dé de beber tan sólo un vaso de agua fresca a uno de estos pequeños, por ser discípulo, os aseguro que no perderá su recompensa" (10:42).

Oración inicial: *(Ver página 15)*

Contexto

Parte 1, Mateo 10:13-14: Jesús llamó a los Doce y les dio poder sobre los espíritus inmundos, para expulsarlos y para sanar toda clase de enfermedades y dolencias. Les advirtió que irían como ovejas en medio de lobos, que no temieran ya que no estarían solos. Les advirtió que la fe en Él causaría divisiones, incluso dentro de las familias. Les invitó a tomar su cruz y a seguir su ejemplo, ya que así recibirían su recompensa. Una vez más, Mateo organiza los dichos o palabras de Jesús en un bloque, al que se conoce como "Discurso de las parábolas". En él reúne siete parábolas sobre el Reino de los Cielos. Por medio de las parábolas, Jesús buscaba enseñar grandes verdades. Nosotros, al leer las parábolas, debemos buscar el mensaje que Jesús quiere darnos, sin quedarnos solamente en la historia.

Parte 2, Mateo 11-12: Jesús aclara a los discípulos de Juan cuál es la misión que lo trajo al mundo, a la vez que encuentra oposición por parte de los líderes religiosos que desafían su interpretación del descanso sabático y lo acusan de realizar milagros en nombre de Belcebú, el príncipe de los demonios. Además, declara que aquellos que hacen la voluntad de Dios son los verdaderos miembros de su familia.

PARTE 1: ESTUDIO EN GRUPO (MT 10:13-14)

Leer en voz alta Mateo 10:13-14

Elección y envío de los doce (10:1-15)

En el primer versículo, Mateo nos narra cómo Jesús les dio poder a doce hombres, "sus doce discípulos" para extender el Reino de los Cielos. Así como los israelitas del Antiguo Testamento eran descendientes de las doce tribus de Israel, los seguidores de Jesús en el Nuevo Testamento son descendientes espirituales de los Doce. Cabe notar que en el segundo versículo se refiere a ellos como los "doce apóstoles", lo cual significa, "enviados". Es importante notar que Pedro encabeza la lista.

El mensaje de Jesús de el "Reino de los Cielos está cerca", debe difundirse, por ahora, solo entre los ciudadanos de Israel. Después de la resurrección, Jesús los enviará a todas las naciones. Deberán viajar de manera sencilla, vivir en casas de personas dignas y estar preparados porque pueden ser rechazados. Si son rechazados, deberán dejar ahí incluso el polvo que se les haya podido adherir a las sandalias. Este gesto, en aquella época, significaba una ruptura total de vínculos con aquel lugar.

La persecución (10:16-33)

La misión que Jesús encomendó a los discípulos no iba a ser fácil. Serian perseguidos, como el mismo Jesús lo había sido. Les advirtió que viajarían como ovejas en medio de lobos. En la época de Jesús se perdían muchas ovejas al ser atacadas por lobos hambrientos. Los pastores tenían que ser muy astutos e ingeniosos para protegerlas. De la misma manera deberían actuar los discípulos para difundir el mensaje de Cristo. Les advirtió que serían azotados en las sinagogas, las cuales en el tiempo en que Mateo escribió su Evangelio estaban controladas por los fariseos y los fariseos no querían a los seguidores de Jesús. También les advirtió que tendrían que dar testimonio de Él y que contarían con el Espíritu Santo como consejero y abogado.

En los primeros tiempos del cristianismo, cuando algún miembro de la familia revelaba su fe en Jesucristo, muchas veces otro miembro de la familia lo delataba ante las autoridades. Jesús los tranquiliza recordándoles que si Dios se preocupa de las aves del cielo, mucho más lo hará por ellos, de los cuales tiene contados incluso los cabellos de su cabeza. Les asegura que si alguien lo confiesa ante la gente, Él también lo reconocerá ante su Padre celestial (10:33).

Radicalidad en el seguimiento (10:34-10:42)

Mateo nos habla sobre la radicalidad del seguimiento de Jesús. Seguirlo no es fácil, ya que su mensaje es piedra de escándalo para muchos. Tan es así, que nos habla de enfrentamientos entre hijos con sus padres e hijas con sus madres. El amor que Él pide es superior al amor del padre, de la madre o de los hijos.

La paz que Jesús trae al mundo es la paz que da saber que se está viviendo de acuerdo con la voluntad de Dios. Puede suceder algunas veces que esta no coincida con la voluntad de la familia, de los amigos o del mundo. El amor a Jesús debe ser superior a cualquier otro amor y ser tan animoso, que sea capaz de soportar el sufrimiento e incluso el martirio. Así lo dijo Jesús: "El que encuentre su vida, la perderá; y el que pierda su vida por mí, la encontrará" (10:39).

Mateo también deja claro que quien acepte a un enviado de Dios, acepta a aquel que lo envió. Y que "Quien dé a beber un vaso de agua fresca a uno de estos pequeños por su condición de discípulo, les aseguro que no quedará sin recompensa" (10:42).

Parábola del sembrador (13:1-23)

Aunque los líderes rechazaban a Jesús, la multitud lo seguía. Y era tan numerosa, que Jesús tuvo que subirse a un barco para enseñar. Esta vez enseñó por medio de parábolas, es decir, de historias tomadas de la vida diaria para transmitir verdades acerca del Reino de Dios. Como buen maestro, Jesús contó historias simples con imágenes familiares para aquellos que le escuchaban.

La primera parábola de esta sección habla sobre un sembrador que salió a sembrar. El sembrador arrojó la semilla al lado del camino, en las rocas y entre las espinas. En los tres casos, la semilla no produjo fruto. En cambio, la semilla que cayó en tierra buena produjo una cosecha asombrosa de cien, sesenta o treinta por uno. Cuando los discípulos le preguntaron a Jesús por qué hablaba en parábolas, respondió que era para que se cumpliera la profecía de Isaías (6:9-10), la cual afirma que aquellos que estaban abiertos a su mensaje lo entenderían, mientras que los que se habían cerrado no lo entenderían.

A continuación Jesús explicó la parábola. No hay nada que hacer con las personas que oyen sin querer escuchar. En esos casos no hay fruto. Los que oyen de manera superficial, pueden responder inicialmente con emoción, pero al desaparecer la emoción, su interés desaparece también. Hay otros que tienen muchos bienes o preocupaciones, están demasiado ocupados para orar, estudiar y meditar en la Palabra de Dios y, por lo mismo, no le dedican tiempo. En ellos la Palabra tampoco podrá dar fruto. Pero hay otros: los que tienen buenas disposiciones para escuchar y aprender, independientemente de sus quehaceres cotidianos. En ellos la Palabra de Dios da fruto.

Parábola de la cizaña y el trigo (13:24-43)

Una vez más Jesús utiliza una parábola para darnos a entender cómo es el Reino de los Cielos. En esta ocasión utiliza imágenes comunes de lo que sucede cuando se siembra y se cosecha. Existe la posibilidad de que las malas hierbas echen a perder una buena cosecha si estas no se separan y destruyen a tiempo.

Cuenta la parábola que un hombre, tratando de hacer bien las cosas, sembró buena semilla en su campo, pero su enemigo sembró cizaña entre el trigo durante la noche. Cuando los sirvientes preguntaron sí debían arrancar de raíz la mala hierba, el propietario decidió esperar hasta la época de la cosecha para evitar que el trigo fuese también arrancado. Mateo dice que así sucederá en el fin del mundo: las malas hierbas serán separadas del trigo.

Siguió Jesús enseñando en parábolas. Hablando sobre los inicios del Reino en los corazones de los hombres, lo compara con una pequeña semilla de mostaza y con la pequeña porción de levadura que se mezcla con harina. Sus inicios son pequeños, pero después crece y su influjo llega a ser muy grande. Finalmente se le acercaron los discípulos pidiendo que les explicara la parábola de la cizaña y el trigo. Jesús les explica que el campo es el mundo; la buena semilla, los miembros de la Iglesia; la cizaña, las malas personas; y el enemigo, el Diablo. Es una historia que ilustra el Juicio Final. Mateo pretendía que los miembros de la naciente Iglesia entendieran que podía haber personas buenas y malas.

Parábolas del tesoro, la perla y la red (13:44-52)

Jesús sigue enseñando a la gente que se había reunido a la orilla del lago para escucharle. Le dice que el Reino de los Cielos es semejante a un tesoro escondido o a una perla fina: ambos son tan valiosos que quien los descubre, con gusto va y vende todo lo que tiene y los compra. Del mismo modo, las personas deben invertir todo lo que tienen para poder alcanzar el Reino de los Cielos, es decir, para alcanzar a Dios.

También les enseñó que Reino de los Cielos se parece a una red la cual, una vez lanzada al mar, es sacada, ya sea a un barco o a tierra firme, y en el trayecto arrastra a todo tipo de peces. Mateo no quiere asustar a sus lectores, sino hacerles comprender lo maravilloso que es el regalo que se nos ofrece y lo crucial que es nuestra respuesta, ya que al final de los tiempos, los ángeles del Señor separarán a los buenos de los malos y a estos últimos los echarán al fuego eterno.

Jesús es rechazado en Nazaret (13:54-58)

Posiblemente no hay críticos más duros que la familia y los amigos que nos han conocido desde nuestra niñez. Esto mismo le sucedió a Jesús cuando regresó a su ciudad natal como un maestro con sus discípulos y se puso a enseñar en la sinagoga, que era el lugar donde se reunían los judíos para leer las Escrituras. Los ahí reunidos cuestionaban de dónde le venía la capacidad de enseñar, ya que era hijo de un carpintero.

En la tierra donde nació y vivió Jesús, se acostumbraba designar a los primos cercanos como hermanos o hermanas, ya que se sabían y se sentían parte de una misma familia. Jesús se encontró con su incomprensión y oposición precisamente porque lo conocían y se negaban a aceptar que fuera distinto a ellos. Mateo nos dice que Jesús no hizo muchos milagros allí por la falta de fe de los suyos. "Un profeta sólo carece de prestigio en su patria y entre los suyos" (13:57).

Jesús da de comer a cinco mil (14:13-21)

Jesús se dirigió en una barca a un lugar solitario para orar, descansar y tomar fuerzas. La multitud, al enterarse, le siguió. Al verlos, Jesús "se compadeció y sanó a los enfermos" (14:14). Compadecerse significa no solo sentir lástima o pena por el sufrimiento ajeno; es algo mucho más profundo, ya que lleva a unirse a la persona que sufre, a hacer propios sus sentimientos. Fue la compasión la que llevó a Jesús a querer alimentar a la multitud ante la petición de sus discípulos, los cuales le sugerían que la despidiera para que pudieran comprarse alimentos en el pueblo. Jesús les dice que ellos son los que deben alimentar a la multitud. ¡Qué sorpresa se llevarían los discípulos!, solo había cinco panes y dos peces, ¿qué era aquello para tan gran multitud? La misión de los discípulos será cooperar con Jesús y compartir sus dones con toda la gente.

Siguiendo sus instrucciones, hacen que la multitud se siente. Mientras tanto Jesús, volviéndose a Dios, bendijo los panes y los peces. Este milagro fue anticipación de la Eucaristía, ya que lo mismo hizo Jesús en la Ultima Cena.

En la naciente Iglesia, a la que estaba destinado el Evangelio de Mateo, esta multiplicación de los panes a través de la Eucaristía también se realizaba. Una vez satisfecha la gente, los discípulos recogieron las sobras, ya que nada de lo que Dios nos ha dado se debe desperdiciar. Nos dice el Evangelio que se llenaron doce canastos, siendo el número doce un símbolo de las Doce Tribus de Israel y de los doce apóstoles.

Jesús camina sobre el agua (14:22-36)

Por iniciativa de Jesús, los discípulos se embarcaron y después de unas horas se vieron envueltos en una tormenta. ¿Dónde estaba Jesús? Al desasosiego producido por las olas, se le sumó el espectáculo de ver a una persona caminando sobre el agua. Jesús se dirigió a ellos diciendo "¡Tranquilos!, soy yo. No teman" (14:27). El Señor mostró su poder sobre los elementos de la naturaleza al caminar sobre el agua, y mostró que podía compartir ese poder con otros, por ejemplo, con Pedro.

Pedro pudo caminar sobre las aguas hacia Jesús mientras tuvo confianza. En el momento en que el miedo se apoderó de él, empezó a hundirse. Pero todo lo que necesitó fue una breve oración: "¡Señor, sálvame!" (14:30). El brazo amoroso de Jesús lo sostuvo. Ese mismo brazo es capaz de sostenernos en los momentos en que estamos a punto de caer. Los discípulos que fueron testigos de este acontecimiento le dijeron a Jesús: "Verdaderamente eres Hijo de Dios" (14:33).

Mateo comparte este mensaje especial con sus lectores. La naciente Iglesia es como un barco que lucha contra las tormentas de la persecución y Pedro juega en ella un papel muy importante. Además, en esa época, para los compatriotas de Jesús, las profundidades del lago simbolizaban el caos y el mal. Por tanto, el poder de Jesús sobre el lago se presenta como el poder que tiene sobre el mal en el mundo.

Preguntas de reflexión

1. ¿Por qué Jesús usa la imagen de las ovejas, los lobos y las serpientes al transmitir su mensaje?
2. ¿Por qué en la naciente Iglesia había temor a que miembros de la propia familia denunciaran a otros?
3. ¿Qué pasará con aquellos que traten a los discípulos de Jesús con amabilidad y cuidado?
4. ¿Cuál es el mensaje de la parábola de la cizaña y el trigo que crecieron juntos?

5. ¿Qué nos dicen las parábolas del tesoro en el campo y la perla fina sobre el Reino de los Cielos?
6. ¿Qué advertencia encontramos en la parábola de la red?

Oración final: *(Ver página 15)*

Hacer la oración final ahora o después de la *Lectio divina*

Lectio divina: *(Ver página 8)*

Relaja tu cuerpo y mantén una postura de oración (sentado, ojos cerrados, ambos pies en el piso). Este ejercicio puede tomar el tiempo que sea necesario. En el contexto de este estudio de Biblia, de diez a veinte minutos son suficientes. El propósito de la *Lectio divina* es ayudarte a entrar en la dinámica de la oración y contemplación de la Palabra de Dios, que puedas entablar un diálogo con Dios en lo más íntimo de tu corazón. Ve la página 8 para más instrucciones.

Elección y envío de los doce (10:1-15)

Dedica de 8 a 10 minutos a contemplar en silencio el pasaje:

En la elección de los doce apóstoles vemos un rasgo característico de la obra de Dios: escoge a personas comunes y corrientes. Ellos no eran profesionales, no tenían riquezas o títulos. Fueron elegidos de entre la gente que hacia cosas ordinarias, como pescar. Jesús nos deja claro que cualquier persona, independientemente de su educación o posición económica, puede cumplir la misión que Dios le ha asignado y hacerlo excepcionalmente bien. Jesús eligió a estos hombres, no por lo que eran, sino por lo que serían capaces de hacer siguiendo los impulsos del Espíritu Santo. Cuando el Señor nos llama a servirle, no debemos pensar que no tenemos nada que ofrecerle. ¡Él se encarga!

✠ *¿Qué puedo aprender de este pasaje?*

La persecución (10:16-33)

Dedica de 8 a 10 minutos a contemplar en silencio el pasaje:

"Sepan que yo los envío como ovejas en medio de lobos" (10:16). Este no es un mensaje que nos guste escuchar, sin embargo, son las palabras de Jesús al llamarnos a su servicio. Para los seguidores de Jesús, es un privilegio seguir los pasos de quien dio su vida por salvar a los hombres. ¿Estoy dispuesto a aceptar las dificultades y sufrimientos que implica seguir a Jesús?

✠ *¿Qué puedo aprender de este pasaje?*

Radicalidad en el seguimiento (10:34-10:42)

Dedica de 8 a 10 minutos a contemplar en silencio el pasaje. Ten presentes estas reflexiones:

Mateo nos lleva a preguntarnos: ¿quién ocupa el primer lugar en nuestras vidas? Jesús nos deja claro que un verdadero discípulo ama a Dios sobre todas las cosas y está dispuesto a renunciar a todo por amor a Él. Pero eso no es todo. Ese amor a Dios se tiene que ver reflejado en el amor al prójimo, que fue creado a su imagen y semejanza.

Las formas de amar al prójimo son tan variadas como el número de personas que hay en la tierra. Cada uno necesita que le mostremos el amor de Dios de manera diferente. ¿Qué hago para ser portador del amor de Dios a los demás?

✠ *¿Qué puedo aprender de este pasaje?*

La parábola del sembrador (13:1-23)

Dedica de 8 a 10 minutos a contemplar en silencio el pasaje. Ten en cuenta las siguientes reflexiones:

San Agustín nació en el año 354. La semilla de la fe fue sembrada en su corazón cuando era todavía pequeño, pero sus deseos mundanos pronto la sofocaron. Por muchos años llevó una vida de moral relajada. Tuvo una amante con quien procreó un hijo. Un día, pensando en cuál debería ser el camino a seguir en la vida, rompió a llorar y en medio de sus sollozos, oyó a un niño cantando una y otra vez: "Toma y lee. Toma y lee". Tenía la Biblia con él, así que la abrió y encontró un pasaje de la carta a los romanos que decía: "Vivamos con decoro, como en pleno día: nada de comilonas y borracheras; nada de lujurias y desenfrenos; nada de rivalidades y envidias. Revístanse más bien del Señor Jesucristo, y no anden tratando de satisfacer las malas inclinaciones de la naturaleza humana" (Rom 13:13-14). En ese instante, Agustín comenzó su camino de conversión. Llegó a ser un gran teólogo y un gran santo. En algún momento de su vida la semilla cayó entre espinas, pero al final cayó en tierra buena y produjo cien veces más.

✠ *¿Qué puedo aprender de este pasaje y de esta reflexión?*

Parábola de la cizaña y el trigo (13:24-43)

¿Qué pueden enseñarnos sobre el Reino de Dios unas semillas de mostaza y la levadura que una mujer usa para fermentar la masa? Que la semilla de mostaza, aun siendo pequeñita, crece hasta convertirse en un árbol que atrae a una multitud de aves que anidan en sus ramas. El Reino de Dios se desarrolla de manera similar: inicia de manera insignificante en los corazones de los hombres que están abiertos a la palabra de Dios y poco a poco va creciendo, provocando en ellos una profunda transformación. Lo mismo sucede con la levadura que se le añade a la harina, haciendo que se esponje y que al ser horneada se convierta en un delicioso pan. Así sucede cuando dejamos que Jesús entre en nuestras vidas, estas son transformadas por el poder del Espíritu Santo que habita en nosotros.

¿Crees que el Espíritu Santo tiene poder para transformarte?

✠ *¿Qué puedes aprender de este pasaje?*

Parábolas del tesoro, la perla y la red (13:44-53)

Descubrir el Reino de los Cielos es como encontrar una perla fina o un gran tesoro escondido, ya que al descubrir el Reino de los Cielos recibimos el tesoro más grande que se pueda poseer: Dios mismo. Vender todo lo que tenemos para adquirir este fabuloso tesoro podrá significar en ocasiones dejar aquellas cosas que nos alejan de Dios o por lo menos que no nos acercan a Él, como podría ser nuestro "estilo de vida", lo que hacemos con nuestro tiempo libre, ciertas amistades, pensamientos o acciones. Dios mismo es el tesoro que buscamos, capaz de satisfacer nuestro anhelo de felicidad.

✠ *¿Qué puedo aprender de este pasaje?*

Jesús es rechazado en Nazaret (13:54-58)

Jesús no pudo hacer milagros entre los suyos porque estaban resueltos a no creerle. Debido a su rechazo, no pudieron darse cuenta de que el Hijo de Dios estaba presente en medio de ellos. Lo mismo nos puede pasar a nosotros: por estar entretenidos en infinidad de actividades, muchas de ellas incluso muy buenas, pero que nos distraen, podemos dejar pasar a Jesús que llega a donde estamos y no lo escuchamos. Esto también puede suceder con la Eucaristía, cuando no le damos el profundo sentido que tiene.

✠ *¿Qué puedo aprender de este pasaje?*

Jesús da de comer a cinco mil (14:13-21)

Cuando Jesús dio de comer a cinco mil personas, nos mostró la extraordinaria generosidad de Dios y su gran bondad para con nosotros. Dios toma lo poco que tenemos y lo multiplica para bien de los demás. Jesús todavía está compartiendo con nosotros cada vez que celebramos la Eucaristía, que nos da la fuerza para nuestro viaje, como le dio a aquella multitud que lo seguía. No importa cuán difíciles puedan ser nuestras vidas, tenemos a Jesús, un compasivo compañero de viaje, con quien continuamente estamos renovando nuestra amistad en la Celebración Eucarística.

Jesús camina sobre el agua (14:22-36)

¿Te parece que Jesús está lejos de ti cuando las pruebas e infortunios llegan a tu vida? Ese trágico suceso en el lago de Galilea, nos revela la personalidad de Pedro. Aquí vemos la impulsividad de Pedro, su tendencia a actuar sin pensar en lo que va a hacer; pero también vemos a un Pedro que a la hora de la dificultad pone su confianza en Jesús, quien no lo defraudó. Como en el caso de Pedro, Jesús ve por nosotros en todo momento, principalmente en los momentos de tentación y dificultad. ¿Confías en Él cuando las calamidades de la vida te amenazan? ¿Cómo respondes?

PARTE 2: ESTUDIO INDIVIDUAL (MT 11-12)

Día 1: Juan Bautista (11:1-19)

Dedica entre 8 y 10 minutos a la contemplación silenciosa del pasaje. Ten en cuenta las siguientes reflexiones:

¿Por qué Juan, estando en la cárcel, envío a sus discípulos a preguntarle a Jesús sí era Él el que había de venir? Estaba buscando una respuesta porque aún no tenía una imagen clara del verdadero significado de mesianismo. Por tanto, Jesús les aclaró cuál era su misión: "Jesús les respondió: «Vayan y cuéntenle a Juan lo que oyen y ven: los ciegos ven y los cojos andan, los leprosos quedan limpios y los sordos oyen, los muertos resucitan y se anuncia a los pobres la Buena Nueva" (11:4-5). Todas esas eran cosas que Jesús había venido haciendo en los capítulos anteriores. Aquellos que esperaban otro tipo de Mesías podían ver claramente cómo en Jesús se cumplían verdaderamente las expectativas del Antiguo Testamento

Cuando los mensajeros de Juan se fueron, Jesús hace algunas preguntas acerca de Juan: "¿Qué salieron a ver, si no? ¿Un hombre elegantemente vestido? Pero sepan que los que visten con elegancia están en los palacios de los reyes. Entonces ¿a qué salieron? ¿A ver un profeta? Sí, les digo, y más que un profeta" (11:8-9). La respuesta a las preguntas es un rotundo no. Ellos fueron a ver a un profeta que preparaba el camino del Señor, el mensajero anunciado por el profeta Malaquías (3:1) en el Antiguo Testamento. Jesús declaró que Juan es el hombre más grande nacido de mujer, pero los nacidos en el Reino de los Cielos por medio del bautismo son aún mayores.

Lectio divina

Jesús elogió a Juan Bautista como la persona más grande que jamás había nacido, para continuar diciendo que el más pequeño en el Reino de Dios es mayor que Juan. ¡Vaya paradoja! ¿Es el más grande o es el más pequeño? La respuesta es: los dos. Su misión fue importantísima, fue el último y más grande de los profetas de la Antigua Alianza y el primero de los testigos y mártires de la Nueva. Es el mensajero que preparó el camino para la llegada de Jesús; pero su humildad hizo de él, el más pequeño. ¿Qué puedes aprender de Juan Bautista?

✠ *¿Qué puedes aprender de este pasaje?*

Día 2: El conocimiento de Dios (11:25-30)

Jesús da gracias al Padre, Señor del cielo, por haber revelado la sabiduría y el conocimiento de Dios a la gente sencilla. En su oración, Jesús nos dice que Dios es Padre y Señor de la tierra y del cielo. También nos enseña que el conocimiento implica una relación. Cuando Jesús dice que nadie conoce al Padre, sino el Hijo y que nadie conoce al Hijo, sino el Padre, está diciendo que el Padre y el Hijo comparten una profunda intimidad.

El pueblo de Israel en el Antiguo Testamento, a menudo veía la Ley como una carga. Por ello la comparaban con el yugo que ponían sobre los lomos de los animales para de ahí sujetar el arado. Jesús dijo: "Vengan a mí todos los que están fatigados y sobrecargados , y yo les proporcionaré descanso. (...) Porque mi yugo es suave y mi carga ligera" (11:28-30). Aquellos que aman a Jesús, encuentran consuelo en estas palabras.

Lectio divina

Dedica entre 8 y 10 minutos a la contemplación silenciosa del pasaje. Ten en cuenta la siguiente reflexión:

El sufrimiento y el dolor hacen que el mundo cuestione la existencia de Dios. La gente se pregunta: si Dios es bueno y todo lo puede, ¿por qué permite que los hombres sufran, que los jóvenes mueran en la primavera misma de la vida o que haya bebés que nazcan con malformaciones? ¿Por qué suceden tantas cosas malas? ¿Por qué los huracanes, los tsunamis, los temblores y los tornados? Estos interrogantes se esclarecen hasta cierto punto considerando que Dios creó al hombre libre y, por tanto, debe respetar a su creatura en el ejercicio de los dones con que Él mismo la dotó. Todo ser humano ha sufrido o va a sufrir, y ahí en medio del sufrimiento estará Dios, aunque en ocasiones parezca distante. Él está a nuestro lado guiándonos, auxiliándonos, apoyándonos e iluminando nuestro caminar. Jesús nos invitó a acudir a Él: "Vengan a mí, los que están cansados y agobiados, y yo los aliviaré" (11:28).

✠ *¿Qué puedo aprender de este pasaje?*

Día 3: Jesús y el sábado (12:1-14)

¿Qué significa el mandamiento "santificarás las fiestas"? O mejor aún, ¿qué busca ese mandamiento? Los líderes religiosos se enfrentaron a Jesús sobre este punto. El "sábado" o día de reposo estaba destinado a hacer un alto en el camino de la vida para poder alabar a Dios, recordando su Creación y ensalzando su bondad. Se buscaba dejar a un lado el trabajo diario para tener un momento de calma, de alivio, de tranquilidad y así poder reparar fuerzas.

Los escribas y fariseos llamaron la atención a los discípulos de Jesús porque habían arrancado espigas de los campos en sábado para comer. Jesús salió en su defensa, argumentando que las necesidades humanas tenían prioridad sobre los ritos. Les recordó cómo David y sus hombres comieron del pan sagrado del Templo, aun cuando estaba prohibido, porque era más importante que subsistieran. Aunque la santificación de las fiestas y los sacrificios son importantes para Dios, la bondad, el comprometerse a ayudar a los demás lo es todavía más. En esta ocasión Jesús dijo: "Si hubieran comprendido lo que significa Misericordia quiero, que no sacrificio, no condenarían a los que no han incurrido en culpa. Porque el Hijo del hombre es señor del sábado" (12:7-8).

Lectio divina

Dedica entre 8 y 10 minutos a la contemplación silenciosa del pasaje. Ten en cuenta la siguiente reflexión:

Para los cristianos el domingo, esto es, el día del Señor, está dedicado principalmente a alabar y a adorar a Dios en comunidad, ya que al haber sido bautizados, la Iglesia, nos dio la bienvenida. Y es con gran alegría que seguimos participando en la Celebración Eucarística y compartiendo la Eucaristía con la comunidad. Cuando estamos juntos en la Eucaristía, reafírmanos nuestras promesas bautismales por las cuales nos hemos comprometido a adorar a Dios Padre en, con, y a través de Jesucristo, en la unidad del Espíritu Santo. Fue Jesús, quien es verdaderamente el Señor del sábado, quien señaló que el día de descanso y alabanza a Dios se había hecho para el bien de los seres humanos y no al revés.

✠ *¿Qué puedo aprender de este pasaje?*

Día 4: Jesús y Satanás (12:22-37)

Mateo describe a un hombre endemoniado que fue llevado a Jesús para que pudiera curarlo. La capacidad de Jesús de sanar a las personas de enfermedades tanto físicas como espirituales sorprendió a los que fueron testigos de sus milagros. Nadie había obrado tales maravillas antes y se preguntaban si este no sería el "Hijo de David", el título del Mesías esperado.

Esto causó una fuerte polémica entre Jesús y los fariseos quienes, sintiéndose amenazados, trataron de rechazar su autoridad para hacer milagros y expulsar demonios, afirmando que lo hacía con el poder de Satanás y no de Dios. Esta era una gravísima acusación que Jesús no podía ignorar, por eso les dijo: "Todo reino dividido contra sí mismo quedará asolado, y toda ciudad o casa dividida contra sí misma no podrá subsistir. Si Satanás expulsa a Satanás, quedará dividido contra sí mismo(...) Pero si yo expulso los demonios por el Espíritu de Dios, señal de que ha llegado a ustedes el Reino de Dios" (12:25-26.28).

Advirtió que cualquier pecado puede ser perdonado, pero el pecado que niega la capacidad de actuar y de perdonar del Espíritu de Dios, no podrá ser perdonado. Esto no quiere decir que Dios no quiera perdonar, sino que Dios no puede perdonar a quien no quiere arrepentirse, en otras palabras, a quien no quiere o no cree en su perdón. Son almas que le han cerrado las puertas a Dios para que los toque.

Lectio divina

Dedica entre 8 y 10 minutos a la contemplación silenciosa del pasaje, teniendo en cuenta estas reflexiones:

Jesús nos dejó una recomendación: "si un árbol es bueno, su fruto será bueno" (12:33). Esto se traduce en infinidad de posibilidades en la vida de un seguidor de Cristo. Tratemos bien a los demás y nos tratarán bien; seamos agradecidos y los demás lo apreciarán; hablemos bien de las demás personas y estas hablarán bien de nosotros. Y si no sucede así, por lo menos nos quedará la satisfacción de haber actuado bien, de haber sido árboles buenos. ¿Qué frutos he dado? ¿Cómo me puedo esforzar para ser un árbol bueno?

✠ *¿Qué puedo aprender de este pasaje?*

Día 5: La familia de Jesús y la voluntad de Dios (12:46-50)

Jesús nunca perdió oportunidad de enseñar una lección acerca del Reino de los Cielos a sus discípulos. Así lo vemos cuando alguien le interrumpió mientras hablaba a la multitud y le dijo que sus familiares querían hablar con él. Jesús aprovechó la ocasión para enseñar que sus verdaderos parientes son aquellos que viven conforme a la voluntad de Dios. Retó a sus seguidores e incluso a su propia familia, a que reconociesen que Dios era la verdadera fuente de todas las relaciones y que cumplir su voluntad sería siempre lo más importante.

Lectio divina

Dedica entre 8 y 10 minutos a la contemplación silenciosa del pasaje, teniendo en cuenta estas consideraciones:

En este pasaje el amor y el respeto de Jesús por su madre y sus parientes, a pesar de las apariencias, es incuestionable. En ningún momento los desprecia, más bien, afirma la superioridad de la relación espiritual. Afirma que el verdadero parentesco no es solo una cuestión de carne y hueso, sino una relación de corazones y espíritus con Él, el autor y la fuente del amor. El que cumple la voluntad de Dios es amigo de Dios y miembro de su familia.

✠ *¿Qué puedo aprender de este pasaje?*

Preguntas de reflexión

1. ¿Qué mensaje quería darnos Jesús al decir: "Mi padre me ha entregado todo"? (11:27).
2. ¿Qué enseñó Jesús sobre el sábado?
3. De acuerdo con las palabras de Jesús, ¿quiénes son sus verdaderos familiares?

El misterio es revelado. Jesús cambia de territorio, Pasa de Galilea a Judea

MATEO 15-18

Él les preguntó: Pero ustedes, ¿quién dicen que soy yo? Simón Pedro contestó: Tú eres el Cristo, el Hijo de Dios vivo. (16:15-16).

Oración inicial: *(Ver página 15)*

Contexto

Parte 1, Mateo 15- 17: Jesús buscó entrar en contacto con todas las personas, fuesen judíos o gentiles (nombre con el que se denominaba a los que no eran de origen judío). Los que estaban abiertos a sus dones, fueron capaces de recibirlo; mientras que los que se opusieron a Él, no pudieron recibir esos dones. Pedro fue uno de los que recibieron los dones que Jesús tenía para ofrecer y pudo identificar a Jesús como el Mesías, el Hijo de Dios vivo. En la transfiguración veremos cómo tres de sus discípulos fueron testigos de su gloria, pero ni aun así entendieron su identidad. Al igual que Pedro y los discípulos, nosotros también luchamos por comprender las profundidades de la vida y el mensaje de Jesús.

Parte 2, Mateo 18: Este es el cuarto de los cinco grandes discursos de Jesús, llamado "Discurso eclesiástico" o "de la Iglesia". En él da instrucciones a sus discípulos sobre cómo vivir en comunidad, ya que la llegada del Reino de los Cielos ha traído consigo una nueva manera de vivir, prestando atención a los más necesitados, perdonando y orando por los enemigos.

PARTE 1: ESTUDIO EN GRUPO (MT 15-17)

Leer en voz alta Mateo 15-17

Las tradiciones de los antiguos (Mt 15:1-20)

En el Antiguo Testamento, el llamado de Dios a su pueblo era una llamada a la santidad: "Sean santos, porque yo, el Señor su Dios, soy santo" (Lv 19:02). Por lo tanto, a través de su historia, el pueblo judío realizó grandes esfuerzos para cumplir el mandato del Señor. En su afán por vivir la santidad, los fariseos fueron desarrollando tradiciones que se convirtieron en una carga para el pueblo. Una de estas tradiciones estaba relacionada con ciertos rituales de limpieza que los sacerdotes debían realizar antes de comer (Lv 22:4-7) y que posteriormente fue impuesta también al pueblo.

Cuando los fariseos preguntaron a Jesús por qué sus discípulos quebrantaban la tradición al no lavarse las manos antes de comer, Jesús se enfrentó a ellos por haber cambiado la ley que obligaba a las personas a cuidar a sus padres. Según ellos, si una persona dedicaba sus bienes a Dios, quedaba exenta de cuidar a sus padres. Los llamó hipócritas, recordando las palabras del profeta Isaías: "Este pueblo me honra con los labios, pero su corazón está lejos de mí" (15:8).

El meollo del asunto estaba en que las autoridades religiosas judías buscaban que el pueblo cumpliese una serie de tradiciones de pureza, que tenían como objetivo proteger la noción de que ellos eran el pueblo elegido de Dios. De acuerdo con Jesús, el error consistía en que solamente prestaban atención a los ritos externos y descuidaban la verdadera limpieza, es decir, la del corazón, que se ve reflejada en las palabras y los hechos de una persona.

Mateo nos presenta a Jesús hablando sobre las leyes de los alimentos, es decir, sobre qué se podía comer y qué no; Mateo aborda este tema porque dentro de la naciente Iglesia, había surgido una controversia sobre estas. El problema quedó solucionado en un concilio celebrado en Jerusalén, donde los líderes de la Iglesia esclarecieron que estas leyes, heredadas del judaísmo, no debían imponerse a los nuevos conversos.

La curación de la mujer que padecía una hemorragia y otras curaciones (15:21-31)

Jesús había decidido alejarse un poco del territorio judío cuando una mujer extranjera, por tanto, impura, le pidió que expulsara un demonio de su hija.

Esta es la única ocasión en que Jesús actúa fuera de su territorio. Tiro y Sidón se encuentran al norte de Israel, actualmente corresponden al Líbano. Esta audaz mujer se dirigió a Él como Señor e Hijo de David, esto quiere decir que lo reconocía como al ungido de Dios.

Al principio Jesús parecía no prestarle atención. Sus discípulos se sienten turbados: Mateo deja claro que la misión de Jesús estaba dirigida solamente al pueblo judío. Cuando ella insistió, Jesús respondió diciéndole que no se debían tomar alimentos preparados para los hijos y echarlos a los perritos. Los judíos llamaban "perros" a los extranjeros por no ser parte del pueblo que adoraba al Señor. La mujer aceptó el insulto y replicó diciendo que incluso los perros comían de lo que cae de la mesa de sus amos. La fe de la mujer obtuvo la aprobación de Jesús, quien accedió a su petición.

La comunidad a la que Mateo dirige su Evangelio, no acababa de comprender ni de aceptar la presencia de extranjeros conversos entre ellos. Por tanto, esta mujer se convierte en la imagen de aquellos que llegarían a creer en Jesús, a pesar de no haber formado parte del Pueblo Elegido. Su perseverancia en la fe llevó a Jesús a aceptarlos.

Jesús da de comer a cuatro mil y otros milagros (15:32-39)

Esta multiplicación de panes y peces se parece mucho a aquella en la que Jesús dio de comer a cinco mil, pero esta vez el milagro se llevó a cabo fuera del territorio donde vivía el pueblo judío. Los gentiles, es decir, los no judíos, también habían sido invitados a participar en el banquete del Señor y este pasaje así lo demuestra.

Con sus milagros, Jesús manifestó el poder de Dios y la grandeza de su compasión por la multitud, ya que llevaban tres días sin comer.

Siete panes y algunos pescaditos, con la bendición de Jesús, fueron suficientes para que comiesen cuatro mil hombres sin contar mujeres y niños; y para que sobraran siete canastos. El número siete tenía un significado profundo, era el número de la perfección y la abundancia.

La levadura de los fariseos y de los saduceos (16:5-12)

Los saduceos, que no creían en la resurrección, y los fariseos, quienes se dedicaban a interpretar las Escrituras hebreas, pidieron a Jesús una señal del cielo como prueba de que realmente era el Hijo de Dios. Jesús les respondió recordándoles que ya lo habían visto hacer milagros y que eso no les había bastado. Terminó por dejarlos y marcharse.

Advirtió a sus discípulos que tuvieran cuidado con la "levadura de los fariseos y saduceos". Al escuchar la palabra "levadura", los discípulos creyeron que se estaba refiriendo a que no habían llevado pan con ellos. Inmediatamente, Jesús les sale al paso y los llama "hombres de poca fe" (16:8). No han entendido, a pesar de haber visto dos multiplicaciones de panes. Eso debería de haberles bastado para entender que no estaba hablando de la comida, sino de la influencia de los fariseos y de los saduceos en los corazones de muchas personas.

Pedro confiesa que Jesús es el Cristo (16:13-20)

Jesús preguntó a sus discípulos: "¿Quién dice la gente que es el Hijo del Hombre?" Vale la pena hacer dos aclaraciones: primera, el título "Hijo del Hombre" concuerda con un título mesiánico, que apunta más a un reino espiritual que a un reino terrenal; segunda, este también puede referirse a Jesús en cuanto a ser humano.

Jesús quería saber: ¿quién dice la gente que es este ser humano llamado Jesús? Por las respuestas que dieron los discípulos, se puede deducir que las personas del pueblo le reconocían como un gran personaje, ya que personajes como Juan Bautista, Elías o Jeremías salieron a relucir. Pero Pedro, siempre dispuesto a responder, lo aclamó como el Mesías, el Hijo del Dios vivo. Solo Dios podía haber revelado esto a Pedro.

Jesús, dirigiéndose a Pedro, le llama "Simón, hijo de Jonás", para luego cambiarle el nombre a "Pedro", que significa "roca", ya que sobre él Jesús construiría su Iglesia. Le confirió la autoridad para gobernar y le entregó simbólicamente las llaves del Reino. Pedro tendría, por encargo de Jesús, la facultad de abrir y cerrar el acceso al cielo, así como el poder de atar y desatar, interpretar la Ley e, incluso, separar a personas de la Iglesia. Hay que recordar que Jesús, al hablar de la Iglesia, hablaba de la comunidad de creyentes

Jesús anuncia su muerte y su resurrección (16:21-23)

Nos asomamos ahora a un momento trascendental en la vida de Jesús cuando explicó a sus discípulos que "debía ir a Jerusalén y sufrir mucho de parte de los ancianos, los sumos sacerdotes y los escribas; que le matarían y que resucitaría al tercer día" (16:21). Inicia así una nueva etapa de su ministerio. Hasta ahora había enseñado, curado, expulsado demonios y dado de comer a la muchedumbre multiplicando panes y peces. De ahora en adelante su ministerio consistirá en sufrir durante su pasión, morir y resucitar. De camino hacia Jerusalén, en donde padecería esa suerte, predice tres veces que esto sucederá.

Pedro le toma aparte para decirle: ¿cómo que se dirigía a Jerusalén para morir? Para Pedro, la simple idea era inaceptable. Entonces Jesús pronuncia unas de las palabras más duras de todo el Evangelio: "¡Quítate de mi vista, Satanás! ¡Sólo me sirves de escándalo, porque tus pensamientos no son los de Dios, sino los de los hombres!" (16:23). Jesús tiene una visión de eternidad. No vive su vida para sí mismo o para su propia gloria, sino para traer la salvación al mundo.

Condiciones para ser discípulo de Jesús (16:24-28)

Una vez que Jesús dejó claro que debía morir y resucitar, Él mismo quiso explicar a sus seguidores que debían estar dispuestos a hacer lo mismo que Él había hecho, ya que seguirlo tenía y tiene un precio. El costo es negarse a sí mismos, es decir, renunciar a todo aquello que no nos ayude a seguir la voluntad de Dios. Tomar la propia cruz, es decir, aceptar todo aquello que pueda sucedernos por ser fieles a sus enseñanzas.

Una de las tentaciones a la que Jesús se enfrentó en el desierto fue precisamente la codicia: si Jesús rendía homenaje a Satanás, este le daría todos los reinos del mundo. Cuántas tentaciones a través de la historia y de nuestra vida hemos tenido por querer tener, conservar y acumular bienes. Jesús lo afirmó de manera rotunda: la verdadera felicidad está en ganar la vida eterna, ¡lo demás tiene un valor muy relativo!

La transfiguración (17:1-8)

Jesús tomó consigo a tres de sus discípulos: Pedro, Santiago y Juan; y junto con ellos ascendió a una montaña donde se transfiguró ante ellos. Esto sucedió seis días después de que Pedro confesase que Jesús era el Mesías, el Hijo de Dios. Y Dios Padre, cuya voz salió de una nube, lo confirmó durante la transfiguración diciendo: "Éste es mi Hijo amado, en quien me complazco; escúchenlo" (17:5), tal y como lo había revelado durante el bautismo de Jesús, quedando confirmada la revelación de que Jesús no solamente es el ansiado Mesías, sino también el Hijo de Dios.

En el Antiguo Testamento la montaña era el lugar por excelencia donde Dios se revelaba a los hombres. Fue en el Monte Horeb donde Dios se reveló a Moisés en la zarza ardiente (Ex 3) y en el Monte Sinaí donde recibió de Dios la oferta de la Alianza (Ex 19). De la misma manera, Mateo coloca en una montaña la transfiguración de Jesús, quien apareció en toda su gloria hablando con Moisés, que simbolizaba la Antigua Alianza y Elías, que simbolizaba a los profetas del

Antiguo Testamento. Con ello quedaba claro que en Jesús se cumplía el Antiguo Testamento y las profecías.

Pedro, siempre proactivo, quiso construir tres tiendas para quedarse a vivir ahí. ¡Tan bien estaban! La escena termina con Jesús instando a sus discípulos a no tener miedo.

Jesús sana a un muchacho poseído y anuncia por segunda vez su pasión y resurrección (17:14-23)

Nos encontramos frente a una historia que nos muestra el poder de la fe. En esta ocasión, los discípulos de Jesús no pudieron curar a un niño epiléptico. En lo que a primera vista podía parecer una respuesta dura de Jesús, en realidad toda ella está envuelta de amor y compasión. Se percibe a la vez su consternación por la falta de fe de los discípulos y de la generación actual, así como su preocupación por socorrer al niño y a su padre.

Abatidos, los discípulos se acercaron a Jesús para preguntarle por qué ellos no habían podido sanar al niño. Jesús les respondió que fue por su falta de fe. Utilizando la imagen de la pequeña semilla de mostaza, Jesús les dice que bastaría con que su fe fuese así de pequeñita para llevar a cabo grandes obras. Mateo utilizó este milagro para hacer hincapié en la necesidad de la fe, afirmando que esta, cuando es auténtica, puede mover montañas.

El segundo anuncio de la pasión, muerte y resurrección de Jesús, no tiene tantos detalles como el primero. Los discípulos, al saber que Jesús sería entregado al enemigo, se mostraron profundamente tristes. Mateo lo menciona explícitamente.

Preguntas de reflexión

1. ¿Qué podemos aprender de la profesión de fe de Pedro al confesar a Jesús como el Mesías y su posterior rechazo a la predicción de la pasión, muerte y resurrección de Jesús?
2. ¿Por qué es importante que los discípulos de Jesús estén dispuestos a sufrir e incluso a morir?
3. ¿Qué mensaje nos transmite la transfiguración de Jesús?
4. ¿Qué dice Jesús a sus discípulos cuando estos le preguntan por qué ellos no pudieron sanar al niño epiléptico?

Oración final: *(Ver página 15)*

Hacer la oración final ahora o después de la *Lectio divina*

Lectio divina: *(Ver página 8)*

Relaja tu cuerpo y mantén una postura de oración (sentado, ojos cerrados, ambos pies en el piso). Este ejercicio puede tomar el tiempo que sea necesario. En el contexto de este estudio de Biblia, de diez a veinte minutos son suficientes. El propósito de la *Lectio divina* es ayudarte a entrar en la dinámica de la oración y contemplación de la Palabra de Dios, que puedas entablar un diálogo con Dios en lo más íntimo de tu corazón. Ve la página 8 para más instrucciones.

Las tradiciones de los antiguos (Mt 15:1-20)

Dedica de 8 a 10 minutos a contemplar en silencio el pasaje:

Jesús declaró: "¿No comprenden que todo lo que entra en la boca pasa al vientre y luego se echa al excusado? En cambio, lo que sale de la boca viene de dentro del corazón, y eso es lo que realmente contamina al hombre. Porque del corazón salen las intenciones malas: asesinatos, adulterios, fornicaciones, robos, falsos testimonios, injurias. Eso es lo que contamina al hombre; que el comer sin lavarse las manos no contamina al hombre" (Mt 15:17-20).

Jesús dice claramente que lo que en realidad importa es la limpieza interior: la de los pensamientos y la imaginación. El pecado no brota de la nada, sino de lo más íntimo de nuestro corazón, donde se fraguan los pensamientos e intenciones. Por eso Jesús nos pone en guardia para no confundirnos con apariencias: estar en guardia y confiar en la misericordia infinita de Dios, ese es el binomio perfecto para caminar por la vida.

✠ *¿Qué puedo aprender de este pasaje?*

La curación de la mujer que padecía una hemorragia y otras curaciones (15:21-31)

Dedica de 8 a 10 minutos a contemplar en silencio el pasaje teniendo en cuenta estas reflexiones:

Esta humilde mujer cananea nos muestra cómo debe ser nuestra perseverancia en la oración. No se desanimó ante la negativa, sino que persistió en su súplica. Ella quería un milagro, Jesús puso a prueba su fe y terminó felicitándola: "grande es tu fe" (15:28). Quizás la respuesta a nuestras suplicas no será la que quisiéramos, lo importante será reconocer a Dios en la respuesta. ¿Has podido reconocer a Dios? ¿Le has dado gloria como hizo aquella multitud cuando, admirados, vieron todo lo que Jesús hacía?

✠ *¿Qué puedo aprender de este pasaje?*

Jesús da de comer a cuatro mil y otros milagros (15:32-39)

Dedica de 8 a 10 minutos a contemplar en silencio el pasaje:

Jesús mismo ofrece pan en abundancia a la multitud hambrienta que fue al desierto a buscarlo. En la multiplicación de los panes y los peces vemos cómo actúa Dios, quien conoce nuestras necesidades y se preocupa por ellas, dándonos más de lo que merecemos y más de lo que, en cierta forma, necesitamos. Él nos alimenta con su palabra que da vida y con el pan del cielo. ¿Tienes hambre de Dios?

✠ *¿Qué puedes aprender de este pasaje?*

La levadura de los fariseos y de los saduceos (16:5-12)

Dedica de 8 a 10 minutos a contemplar en silencio el pasaje teniendo en cuenta las siguientes reflexiones:

Hoy en día, nuestros líderes no son necesariamente líderes religiosos, pero su liderazgo, lo queramos o no, toca la vida religiosa y social de todos nosotros. Estos líderes pueden ser gobernantes, artistas, deportistas o cualquier persona con alguna responsabilidad. Sus palabras y sus acciones tienen una gran influencia en la manera en que la sociedad se comporta, en lo que piensa, quiere y compra. Todas aquellas personas que tengan bajo su responsabilidad las vidas de otros: padres de familia, maestros, gobernantes, entrenadores, etc., deben tomar conciencia de que, aparejada a la fama, popularidad y liderazgo, va también la responsabilidad de sus acciones. ¿Eres consciente de tus responsabilidades en este sentido?

✠ *¿Qué puedo aprender de este pasaje?*

Pedro confiesa que Jesús es el Cristo (16:13-20)

Dedica de 8 a 10 minutos a contemplar en silencio el pasaje:

Al igual que a los discípulos, Jesús nos pone a prueba preguntándonos: ¿quién dices tú que soy yo? ¿Quién soy yo en tu vida? ¿Quién soy yo para tu familia? ¿Quién soy yo para ti mientras estás en tu trabajo o estás con tus amigos? De la respuesta que des a estas preguntas dependerá el rumbo que siga tu vida.

✠ *¿Qué puedo aprender de este pasaje?*

Jesús predice su muerte y resurrección (16:21-23)

Dedica de 8 a 10 minutos a contemplar en silencio el pasaje teniendo en cuenta estas reflexiones:

Pedro había confesado que Jesús era el Mesías, el Hijo de Dios vivo. El Padre del cielo se lo había revelado y estaba asustado. Era precisamente en ese momento en el que tenía que creerlo con mayor convicción, creerlo con todo su corazón y vivir de acuerdo con lo que creía. Nosotros, a pesar de estar viviendo miles de años después de la resurrección de Cristo y de que decimos creer que Jesús es el Mesías, el Hijo de Dios, todavía tenemos que luchar para entender la profundidad y grandeza de este misterio.

✠ *¿Qué puedo aprender de este pasaje?*

Condiciones para ser discípulo de Jesús (16:24-28)

Dedica de 8 a 10 minutos a contemplar en silencio el pasaje:

"¿De qué le vale al hombre ganar todo el mundo si pierde su vida?". Con estas palabras dichas por Jesús a aquellos que le seguían, siglos después, el sacerdote español llamado Ignacio, motivó a Francisco Javier, que en aquel entonces era estudiante de la Universidad de la Sorbona en París, a dejar a un lado la vida de honores, títulos y distinciones para seguir a Cristo. Ahora la Iglesia Universal los honra e invoca con los nombres de san Ignacio de Loyola y san Francisco Javier, quien es el patrono universal de las misiones.

✠ *¿Qué puedo aprender de este hecho y del pasaje evangélico?*

La transfiguración de Jesús (17:1-8)

Dedica de 8 a 10 minutos a contemplar en silencio el pasaje teniendo en cuenta estas reflexiones:

Jesús, al transfigurarse, se presentó en toda su gloria a sus discípulos, anticipándoles lo que sería la gloria de su resurrección, para que en los momentos duros de la pasión y la crucifixión se acordasen de que el rostro de Jesús resplandeció "como" el sol y de que su ropa se volvió blanca "como" la luz. Mateo no encontró palabras para describir la experiencia que tuvieron los discípulos y por ello tiene que recurrir a comparaciones. Describir la gloria de Dios con nuestras limitadas palabras humanas, es una tarea imposible. Definir a Dios con nuestra mente tan limitada es una tarea absurda, siempre nos quedaremos cortos. Dios es mucho más de lo que podamos nosotros decir sobre Él.

✠ *¿Qué puedo aprender de este pasaje?*

Jesús sana a un muchacho poseído y anuncia
por segunda vez su pasión y resurrección (17:14-23)

Dedica de 8 a 10 minutos a contemplar en silencio el pasaje teniendo en cuenta estas reflexiones:

La expresión "mover montañas" era una frase común entre los judíos que significaba resolver dificultades. Jesús espera que sus discípulos tengan una fe que los ayude a sobrellevar y sobreponerse cuando los reveses, las pruebas y las decepciones se presenten en sus vidas.

✠ *¿Qué puedo aprender de este pasaje?*

PARTE 2: ESTUDIO INDIVIDUAL (MT 18)

El capítulo 18 de Mateo presenta el cuarto gran discurso, llamado de la Iglesia o eclesiástico. Dirigido a la naciente comunidad de fieles, da instrucciones precisas sobre cómo comportarse en particular con los más vulnerables, los más desprotegidos, los oprimidos social y económicamente, a quienes Jesús designaba con la palabra hebrea *anawim*, la cual se traduce al español como: "pequeños". La comunidad debe tener especial cuidado de ellos ya que dependen totalmente de Dios.

Día 1: ¿Quién es el más grande en el Reino de Dios? (18:1-5)

Este cuarto discurso se inicia respondiendo a la pregunta formulada por los discípulos sobre quién es el más grande en el Reino de los Cielos. Es una pregunta que con seguridad se la estaban haciendo los miembros de la naciente Iglesia y nos la seguimos haciendo hoy en día.

Para contestar, Jesús hace un gesto dramático colocando a un niño en medio de ellos, para mostrarles que realmente el mayor en el Reino de Dios es aquel que se convierte y se hace como niño. De esta forma enseña la diferencia radical que existe entre el mundo y el Reino de los Cielos, y anima a sus seguidores a ser tan dependientes de Dios como lo son los niños de sus padres.

Lectio divina

Dedica entre 8 y 10 minutos a la contemplación silenciosa del pasaje teniendo en cuenta estas reflexiones:

Quizás te sorprenda ver a los discípulos discutiendo con Jesús sobre quién es el más grande, el más importante. ¿Pero qué acaso no hacemos nosotros lo mismo? ¿No buscamos que se nos reconozca cualquier cosa que hacemos? Por ello Jesús se vio en la necesidad de poner a un niño en medio para invitarnos a ser sencillos, a despojarnos de nuestros egoísmos y orgullos, y a tomar la actitud de un niño para así poder entrar en el Reino de los Cielos.

Día 2: El escándalo y la oveja perdida (18:6-14)

Jesús pasó de hablar sobre los niños, a hablar sobre "estos pequeños que creen en mí". Lo más probable es que el mensaje haya estado dirigido a la naciente Iglesia, la cual estaba experimentando un rápido crecimiento en el número de conversos provenientes de diferentes culturas. Por ello, Mateo vio conveniente aclarar la gran responsabilidad que tienen los seguidores de Jesús sobre la fe de los demás: "Pero al que escandalice a uno de estos pequeños que creen en mí, más le valdría que le colgasen al cuello una de esas piedras de molino que mueven los asnos y lo hundiesen en lo profundo del mar" (18:6).

Mateo, haciendo uso de una hipérbole –forma literaria que consiste en una afirmación exagerada–, dice que si alguien le quita su fe a uno de esos pequeños, más le valdría que le ataran una enorme piedra de molino al cuello y lo tiraran al mar. Tan grave es esto, que merece un castigo de muerte. Además, la forma más temida de morir entre la gente del tiempo de Jesús era ahogado, ya que suponían que en las profundidades del agua vivían los demonios.

En la parábola de la oveja perdida, Jesús compara a la oveja que se perdió con uno de los más pequeños. Ellos son tan importantes que, si uno llegase a perderse, la Iglesia debería buscarlo y regocijarse con su retorno. En el gran plan de Dios, ni siquiera uno de esos pequeños debe perderse.

Lectio divina

Dedica entre 8 y 10 minutos a la contemplación silenciosa del pasaje teniendo en cuenta estas reflexiones:

A los hombres de nuestro tiempo, en el que los números y la productividad son tan importantes, nos cuesta trabajo entender cómo el pastor deja a noventa y nueve ovejas para ir a rescatar a una sola. Los números simplemente no cuadran. Afortunadamente Dios no piensa así. Esta historia nos habla de la grandeza del amor de Dios por todos, por los que están con Él y por los que se han perdido. La novedad en la enseñanza de Jesús es la insistencia en que los pecadores deben ser buscados, ya que Dios no se alegra con la pérdida de nadie, sino que desea que todos se salven y regresen a la comunidad.

✠ *¿Qué puedo aprender de este pasaje?*

Día 3: Normas para la corrección fraterna (18:15-20)

Este pasaje, una joya del Evangelio de Mateo, nos da las pautas sobre cómo debemos comportarnos en la comunidad. En esta ocasión Jesús proporciona a sus discípulos una serie de recomendaciones para reparar una relación que ha sido dañada, ya que no es sano que entre sus seguidores haya divisiones.

Comienza diciendo: "Si tu hermano te ofende" y de ahí parte para ofrecer varias soluciones. Lo primero que se debe hacer es hablar directamente y en privado con la persona que ha hecho el daño. Lo peor que se puede hacer es darle vueltas y vueltas a la ofensa en la cabeza. Eso no soluciona nada y sí envenena la mente. Debemos darle oportunidad, a quien ofendió, de ver su error y poder enmendar su actuar.

Si esto fracasa, entonces el segundo paso es llevar a otra persona o a otras personas que sean sabias y prudentes, para que hablen con el interesado y encontrar así una vía de reconciliación. Si esto tampoco funciona, debemos entonces buscar la ayuda de la comunidad, no para que juzguen al interesado, sino para que oren y ayuden a buscar una solución basada en el amor. Finalmente, si la comunidad no pudo lograr la reconciliación, Jesús dice que tenemos derecho a olvidarlo. En resumidas cuentas, hay muchos pasos que debemos seguir antes de borrar a una persona de nuestra vida.

Lectio divina

Dedica entre 8 y 10 minutos a la contemplación silenciosa del pasaje teniendo en cuenta estas reflexiones:

En esta ocasión, Jesús habló acerca de una nueva manera de tratar a alguien que está haciendo el mal. Jesús mismo la puso en práctica. Él mostró una preocupación especial por los pecadores, en lugar de destruirlos, los salvó. ¿Busco también yo salvar a los demás?

✠ *¿Qué puedo aprender de este pasaje?*

Día 4: El perdón (18:21-35)

Pedro actúo como portavoz de los discípulos y de los lectores del Evangelio cuando le preguntó a Jesús cuántas veces había que perdonar a una persona.

Él mismo ofreció una respuesta que, seguramente, pensó que agradaría a Jesús: ¡perdonar siete veces! A lo que Jesús replicó que se debía perdonar setenta veces siete queriendo decir con ello que para el perdón no había límites.

Jesús presentó una parábola acerca de dos tipos muy diferentes de deudas. Un rey quiso ajustar cuentas con sus siervos. Al primer hombre que debía una gran cantidad de dinero le perdonó la deuda en su totalidad porque se lo suplicó. Sin embargo, este no perdonó a quien a su vez le debía y no solo eso, sino que lo metió a la cárcel hasta que le pagara todo lo que le debía. El contraste no podía ser mayor.

A nosotros se nos ha perdonado una deuda imposible de pagar. Para salvarnos, Dios entregó a su Hijo Unigénito. Si Dios nos ha perdonado a cada uno de nosotros nuestra grandísima deuda, también nosotros debemos perdonar a los demás.

Jesús enseña que hay que perdonar para ser perdonados.

Lectio divina

Dedica entre 8 y 10 minutos a la contemplación silenciosa del pasaje teniendo en cuenta esta historia:

La misericordia y la justicia van de la mano. Un hombre que se estaba muriendo dijo en su lecho de muerte que no podía perdonar a su ex esposa, la cual estando borracha dejó caer de cabeza a su hija pequeña, causándole problemas emocionales y físicos para el resto de su vida. Él dijo que, a pesar de sus sentimientos, rezaba todos los días por su ex esposa. Este fue el único perdón que pudo ofrecerle. Dios ha perdonado nuestra enorme deuda, pero muchos todavía tenemos que admitir que el perdón es una lucha constante.

✠ *¿Qué puedo aprender de este pasaje?*

Preguntas de reflexión

1. ¿Qué nos dice la parábola de la oveja perdida sobre el amor de Dios?
2. ¿Qué opino sobre perdonar setenta veces siete?
3. ¿Por qué resulta a veces tan difícil perdonar?

LECCIÓN 5

Jesús va de Galilea a Judea. Ministerio en Jerusalén

MATEO 19-23

El que quiera llegar a ser grande entre ustedes, que sea su servidor (20:26)

Oración inicial: *(Ver página 15)*

Contexto

Parte 1, Mateo 19-21: Jesús sigue enseñando a sus discípulos mientras prosigue en su camino hacia Jerusalén, donde reafirma su autoridad enfrentándose a los líderes religiosos. Esto eventualmente lo llevará a la cruz. Encontramos que Jesús recuerda cuál es el plan de Dios para el matrimonio, bendice a los niños y enseña cuán difícil es entrar en el Reino de los Cielos cuando se posee una gran fortuna. La parábola de los trabajadores que reciben el salario de una día completo de trabajo, nos enseña que Dios no actúa según los criterios humanos. Además, predice por tercera vez su pasión, muerte y resurrección, y recuerda a sus discípulos que el que quiera llegar a ser grande, debe hacerse servidor de los demás. Sanó a dos ciegos. Entró a Jerusalén montado en un asno y aceptó el homenaje del pueblo. Afirmó su dignidad y autoridad como Hijo de Dios y se atrevió a desafiar a los vendedores del Templo, volcándoles sus mesas. Curó a ciegos y cojos. Al actuar con autoridad, se ganó la enemistad de las autoridades religiosas quienes intentarán matarlo.

Parte 2, Mateo 22-23: Jesús, por medio de tres parábolas, da grandes enseñanzas sobre los que hacen la voluntad del Padre, los que matan injustamente al hijo del dueño de la viña, y aquellos que fueron rechazados porque se negaron a ir al banquete. Se enfrentó de nuevo con los líderes religiosos, quienes intentaron sorprenderlo cuestionándolo sobre el pago de impuestos al César y la resurrección de los muertos. Pero Él los venció enseñándoles que el amor es el principal mandamiento. Posteriormente critica a los escribas y fariseos por sus acciones hipócritas.

PARTE 1: ESTUDIO EN GRUPO (MT 19-21)

Leer en voz alta Mateo 19-21

El divorcio (19:1-12)

Jesús se va de Galilea, donde su mensaje había sido aceptado, a Judea, donde encontró oposición y rechazo. Mateo sigue mostrando una división entre las multitudes que seguían a Jesús y los líderes religiosos que se oponían a él. Una vez más los líderes religiosos se acercan a Jesús buscando ponerle a prueba, esta vez con el tema del divorcio. Jesús les recuerda que desde la creación, el matrimonio estaba en los planes de Dios y que Moisés había permitido el divorcio por la dureza de los corazones. Esta decisión la tomó Moisés con el fin de proteger a la mujer, ya que el hombre estaba obligado al menos a darle una "acta de divorcio" (Dt 24:1).

Uno podría preguntarse: ¿cómo podía esto proteger a la mujer? Como el hombre de todas formas iba a dejarla, al menos con ese papel constaba que ya no estaba casada. Para nosotros, hombres y mujeres del siglo XXI, esto puede parecer demasiado injusto, pero hay que recordar que la mujer, en esa época y cultura, era considerada ciudadana de segunda. Con Jesús, llega también una nueva enseñanza sobre el matrimonio: "lo que Dios unió no lo separe el hombre" (19:6)

El joven rico (19:16-30)

Un joven, que a ojos del mundo tenía todo lo que se podría desear, se acercó a Jesús con la sensación de que algo le faltaba. Quería "alcanzar la vida eterna" (19:18), que como todos sabemos, no se compra con dinero. Jesús le mandó cumplir los mandamientos, nombrando uno a uno hasta terminar con el mandamiento de amar al prójimo como a uno mismo. Cuando el joven declaró haberlo hecho así siempre, Jesús lo invitó a dar toda su vida: "Anda, vende tus bienes y dáselo a los pobres, y tendrás un tesoro en los cielos. Luego sígueme" (19:21).

El joven, incapaz de desprenderse de sus riquezas, se fue triste. Jesús aprovechó la oportunidad para dar una enseñanza a sus discípulos: "Les aseguro que es muy difícil que un rico entre en el Reino de los Cielos" (19:23). Ellos se sorprendieron ya que, en la época de Jesús, la riqueza era vista como una señal del favor de Dios. Jesús, utilizando una vez más una hipérbole, exageró para mostrar a sus discípulos cuán grande es el peligro de las riquezas: es más fácil para un camello pasar por el ojo de una aguja, que para un rico entrar al cielo, cuando este se encuentra apegado a sus riquezas.

Pedro, volvió a tomar la palabra en nombre de los discípulos, para preguntarle qué sería de ellos, porque de acuerdo con lo que Jesús le había dicho al joven rico, cumplían con todos los requisitos para alcanzar la vida eterna. Jesús les aseguró un lugar junto a él en la gloria, añadiendo una generosa promesa a aquellos que hubieran dejado todo por Él; recibirán cien veces más y heredarán la vida eterna (cf. 19:29).

Parábola de los obreros de la viña (20:1-16)

La parábola de los obreros de la viña solo aparece en el Evangelio de Mateo. En esta vemos la extraordinaria generosidad y compasión del dueño de una viña, que al igual que Dios, da todo lo necesario para vivir.

Mateo nos dice que Jesús comparó el Reino de los Cielos con un viñedo, cuyo propietario salió varias veces durante el día para contratar obreros. En tiempos de Jesús, como en muchos casos hoy en día, los trabajadores tenían que esperar cada día en la plaza pública hasta que alguien los contratara para trabajar ese día. El propietario promete a los que contrata primero que les pagará lo que se acostumbraba por un día de trabajo. Salió de nuevo a contratar a media mañana, al mediodía y media tarde, prometiéndoles que les pagaría lo justo.

Cuando llegó la hora de pagar, el propietario comenzó pagando a los últimos y así sucesivamente hasta llegar a los primeros. Como los primeros no trabajaron todo el día y sin embargo habían recibido el pago completo, quienes trabajaron todo el día esperaban un pago mayor. Al recibir la misma paga, se quejaron. Dios da la salvación con generosidad a todos, sin importar si estuvieron a su servicio muchos o pocos años.

La comunidad destinataria del Evangelio de Mateo estaba tratando de comprender cómo los judíos, que habían tenido siglos de preparación para recibir a Jesús, no lo habían reconocido. En cambio muchos gentiles, que no habían tenido esa preparación, estaban reconociendo a Jesús como el Mesías.

Por eso dice el Evangelio que "los últimos serán los primeros y los primeros serán los últimos" (20:16).

Petición de la madre de los hijos de Zebedeo (20:20-28)

Mateo presenta a Jesús enseñando que si uno de sus seguidores quiere ser importante, debe servir a los demás. Sí, leímos bien: que sirva a los demás, a la comunidad, a los necesitados. Aunque al hombre de mundo esto le parezca absurdo, para Dios no lo es.

Y es la madre de Santiago y Juan, también llamados "los hijos de Zebedeo", la que da lugar a esta historia. Se acerca a Jesús y le pide lugares de honor para sus hijos cuando él reine. Jesús responde con otra pregunta: "¿Pueden beber la copa que yo voy a beber?" (20:22). Es decir, ¿podrán sufrir como yo voy a sufrir? Mateo escribe a la naciente Iglesia y quiere animarla a permanecer firme a pesar de los sufrimientos. Si Jesús sufrió, no es de extrañar que también sufran sus seguidores.

Jesús aprovechó esta oportunidad para dar una lección de cómo deben actuar sus discípulos de entonces y de ahora. Dijo Jesús: "el que quiera llegar a ser grande entre ustedes, que sea su servidor" (20:26).

Curación de dos ciegos (20:29-34)

A continuación Mateo narra la historia de dos hombres ciegos que, gritando, pedían a Jesús que los sanase. Le llamaron "Señor" e "Hijo de David", títulos que denotaban su fe en él. Jesús los curó y ellos se convirtieron en sus seguidores. ¡Qué maravillosa es la fe! Por la fe, estos dos ciegos se acercaron a Jesús, quedaron curados y se convirtieron en sus discípulos. Así, cada vez más personas creían en él. Mientras todos esto sucedía, Él estaba cada día más cerca de su entrada triunfal a Jerusalén.

Entrada triunfal a Jerusalén y purificación del Templo (21:1-17)

Mientras iban de camino a Jerusalén, Jesús, había estado instruyendo a los discípulos sobre lo que implicaba ser su discípulo. Se dirigía a la Ciudad Santa aun sabiendo lo que le esperaba: conspiración, desaprobación, condena, abandono y, finalmente, la cruz. La importancia de este momento quedó manifiesta por la manera en que preparó su entrada. Mateo ve la entrada en Jerusalén como el cumplimiento de las profecías del Antiguo Testamento: Isaías 62:11 "digan a la ciudad de Sión" y Zacarías 9:9, "viene a ti tu rey: justo y victorioso, humilde y montado en un asno, en una cría de asna". Los discípulos hicieron lo que Jesús les ordenó y pusieron mantos sobre los animales como un signo de homenaje.

Al entrar Jesús a Jerusalén, fue recibido por la multitud que aclamaba: "¡Hosana al Hijo de David! Bendito el que viene en nombre del Señor. ¡Hosana en las alturas" (21:9). Recibió una bienvenida mesiánica aun cuando iba montado en un borriquillo, una actitud que denotaba humildad.

En Jerusalén, se dirigió al Templo, al cual los judíos consideraban la morada de Dios entre su pueblo. En el recinto del Templo se hacían cambios de moneda y se vendían animales para los sacrificios. Algunos de los cambistas y mercaderes, por lo visto, engañaban a las personas en estas transacciones. Jesús, como guardián mesiánico de la casa de Dios, utilizando la fuerza física, vuelca las mesas de los cambistas.

Esta dramática purificación del Templo, junto con las curaciones que ahí realizó y las aclamaciones que recibió, fueron vistas por sus discípulos como un signo profético de la acción de Dios.

Parábola de los dos hijos (21:28-32)

Jesús pregunta a quienes lo escuchaban su parecer sobre la historia de un padre que envía a sus dos hijos a trabajar a su viña. El hijo rebelde dijo a su padre que no iría, pero después cambió de opinión e hizo lo que el padre le había pedido. En cambio, el otro hijo, el que a primera vista parecía ser obediente, dijo que sí iría, pero no fue. "¿Cuál de los dos hizo la voluntad del padre?" (21:31), preguntó Jesús. La respuesta no se hizo esperar, "el primero", contestaron los ahí presentes.

La parábola nos enseña cómo Dios quiere que nos acerquemos a Él, para que vayamos a su viña. Algunos, en un inicio, con un comportamiento pecaminoso, le dicen que no quieren saber nada de Él, pero luego se arrepienten. En el caso del Evangelio de Mateo, Jesús se refiere a los recaudadores de impuestos y a las prostitutas. En el otro extremo están los jefes religiosos de Israel, que primero dijeron que sí querían trabajar en la "viña", pero después no quisieron aceptar el mensaje de Jesús.

Parábola de los viñadores malvados (21:33-46)

Para entender esta parábola es necesario saber dos cosas. Primero, el profeta Isaías en sus escritos se había referido al pueblo de Israel como "la viña del Señor" (Is 5:7). En segundo lugar, para los contemporáneos de Jesús, las imágenes usadas en esta parábola eran comunes. Las viñas se encontraban a lo largo de los caminos y con frecuencia sus dueños las arrendaban a viñadores, quienes a cambio entregaban parte de la cosecha.

El dueño de la viña es Dios, los que arriendan la viña representan a Israel, los sirvientes que van a recoger la parte que le correspondía son los profetas que a través de la historia Dios había enviado a su pueblo. En muchos casos, la respuesta del pueblo fue perseguirlos e incluso matarlos. Hasta que Dios decidió enviar a su hijo, Jesús, que fue arrastrado fuera de la viña y matado. Esto mismo sucedería con Jesús: sería llevado a las afueras de Jerusalén para ser crucificado.

Nuevamente Jesús termina su discurso con una pregunta: "Cuando vuelva el dueño de la viña, ¿cómo tratará a aquellos viñadores?" (21:40). La gente respondió que despediría a los viñadores y arrendaría la viña a otros. Esos "otros" serán en adelante los gentiles, es decir, todos aquellos no judíos que llegarían a abrazar la fe en Jesús. Mateo nos dice que Jesús les contestó citando el Antiguo Testamento: "La piedra que desecharon los arquitectos es ahora la piedra angular" (Sal 118:22). Jesús es la piedra que, al ser rechazada por el pueblo de Israel, se convertirá en la piedra angular de la nueva estructura, es decir, la Iglesia.

Parábola del banquete de bodas (22:1-14)

Jesús, para ayudarnos a comprender en qué consiste el Reino de los Cielos, utilizó la imagen de un banquete de boda de real. Esta parábola está compuesta por dos historias, la primera nos habla sobre los invitados al banquete (1-10) y la segunda sobre aquellos que se presentaron a la boda sin el traje adecuado (11-14).

Veamos la primera parte. Jesús nos dice con esta parábola que la era mesiánica ha llegado y que el rey, Dios, ha dado un banquete de bodas en honor de su hijo, Jesús. El rey envió a sus siervos, los profetas, para decir a los invitados, el pueblo judío o israelita, que el banquete estaba listo, esto es, la era mesiánica había llegado. Cuando los invitados rechazaron la invitación anteponiendo sus intereses y cuando incluso mataron a algunos de los enviados –por ejemplo, Juan Bautista–, entonces el rey decide mandar a su ejército para destruirlos. La comunidad a la que Mateo hablaba aún tenía fresco el recuerdo de la destrucción del Templo de Jerusalén, acaecida en el año 70 d.C.

La segunda parte de la historia se refiere a aquellos que no habían sido invitados inicialmente a la boda, esto es, los gentiles. El poder participar en la boda, es decir, en el Reino de los Cielos, tiene ciertos requisitos: hay que presentarse vestidos dignamente, en otras palabras, revestidos de Cristo, viviendo de acuerdo con la fe que se profesa. El pasaje concluye afirmando que son muchos los que están invitados al Reino, pero que son pocos los que aceptan.

Preguntas de reflexión

1. ¿Por qué dijo Jesús que es difícil para un rico entrar en el Reino de los Cielos?
2. ¿Cuál es el mensaje de la parábola de los obreros de la viña?
3. ¿Qué mensaje podemos aprender de la entrada triunfal de Jesús a Jerusalén?
4. ¿Cuál era el propósito de la parábola de los dos hijos que fueron enviados por su padre a la viña?
5. ¿Cuál es el mensaje que encontramos en la parábola de los viñadores malvados?
6. ¿Qué mensaje quiere enseñarnos Jesús en la historia del rey que ofrece un banquete de bodas para su hijo?

Oración final: *(Ver página 15)*

Hacer la oración final ahora o después de la *Lectio divina*

Lectio divina: *(Ver página 8)*

Relaja tu cuerpo y mantén una postura de oración (sentado, ojos cerrados, ambos pies en el piso). Este ejercicio puede tomar el tiempo que sea necesario. En el contexto de este estudio de Biblia, de diez a veinte minutos son suficientes. El propósito de la *Lectio divina* es ayudarte a entrar en la dinámica de la oración y contemplación de la Palabra de Dios, que puedas entablar un diálogo con Dios en lo más íntimo de tu corazón. Ve la página 8 para más instrucciones.

El divorcio (19:1-12)

Dedica de 8 a 10 minutos a contemplar en silencio el pasaje teniendo en cuenta estas ideas:

Jesús no se mostró inflexible ante el divorcio. Tampoco condenó a los que estaban divorciados, más bien, buscó proteger el plan originario de Dios para el matrimonio. Señaló que en el matrimonio, los cónyuges se hacen uno, es decir, que están más íntimamente unidos entre sí de lo que están con sus propios padres y hermanos.

✠ *¿Qué puedo aprender de este pasaje?*

El joven rico (19:16-30)

Dedica de 8 a 10 minutos a contemplar en silencio el pasaje. Considera también este texto:

¿Qué significa vender todo lo que tenemos para seguir a Jesús cuando aparentemente no tenemos mucho? Nos sorprenderíamos al darnos cuenta de que podemos estar apegados a muchas cosas que, aun no siendo bienes materiales, nos restan libertad para hacer siempre lo que a Dios agrada: sentimientos, recuerdos, amigos, posesiones materiales, caprichos, estilo de vida y hasta el "cafecito de la mañana". Obviamente, ninguna de esas cosas es mala en sí; el problema comienza cuando esas cosas no nos dejan agradar a Dios en todo lugar y momento.

✠ *¿Qué puedo aprender de este pasaje?*

Parábola de los obreros de la viña (20:1-16)

Dedica de 8 a 10 minutos a contemplar en silencio el pasaje. Considera también estas ideas:

¡Cuánto se asemeja en esta parábola Dios al dueño de la viña! Ambos superan toda expectativa. El dueño tiene abiertas las puertas de su viña todo el día y pueden trabajar con él todos los que lo deseen. Dios también tiene abiertas las puertas del cielo todo el tiempo para aquellos que quieran abrazar el camino de la fe y del amor. Ambos están dispuestos a recibir viñadores a cualquier hora del día. Ambos actúan con justicia, pero no con justicia humana, la cual tiene miras muy estrechas, sino con justicia divina que da a cada persona exactamente lo que necesita.

✠ *¿Qué puedo aprender de este pasaje?*

Petición de la madre de los hijos de Zebedeo (20:20-28)

Dedica de 8 a 10 minutos a contemplar en silencio el pasaje, reflexionando también en estas ideas:

Jesús asoció la autoridad con el servicio, pues esta sin amor y olvido de uno mismo, se convierte en egoísmo. ¿Qué es el egoísmo, sino lo contrario del amor? Una persona egoísta pone sus deseos, pensamientos, tiempo, talentos y tesoros al servicio propio y no al de la comunidad. No deberá ser así con los discípulos de Jesús quienes, dispuestos a beber la copa del sacrificio, querrán siempre entregar su vida a los demás en las pequeñas y grandes acciones que se requieran. ¡Estarán siempre listos para servir!

✠ *¿Qué puedo aprender de este pasaje?*

Curación de dos ciegos (20:29-34)

Dedica de 8 a 10 minutos a contemplar en silencio el pasaje. Ten presente también esta historia:

La beata Teresa de Calcuta animaba a sus hermanas a cuidar a los ancianos y moribundos como si estuviesen cuidando a Cristo. Una hermana que acababa de llegar, trabajó durante tres horas lavando a un hombre que se había caído a un canal de aguas sucias y estaba cubierto de heridas, suciedad y gusanos. Al terminar, fue a decirle a la Madre Teresa, con una gran sonrisa en su cara, que había estado lavando el cuerpo de Cristo durante tres horas. Esa buena religiosa no estaba ciega a la presencia de Cristo en los demás.

✠ *¿Qué puedo aprender de este pasaje?*

Entrada triunfal a Jerusalén y purificación del Templo (21:1-17)

Dedica de 8 a 10 minutos a contemplar en silencio el pasaje, reflexionando también en estas ideas:

Jesús sabía que las mismas personas que lo alababan en ese momento iban a pedir más tarde su crucifixión. Abundan historias sobre personas que alguna vez fueron piadosos seguidores de Jesús, pero que luego le abandonaron; así como de personas que no querían saber nada de Jesús y, cuando lo conocieron, le siguieron. El don de la fe no es estático; si no crece, disminuye. Para que este crezca, debemos mantenernos en contacto con Cristo por medio de la oración, los sacramentos y las buenas obras.

✠ *¿Qué puedo aprender de este pasaje?*

Parábola de los dos hijos (16:28-32)

Dedica de 8 a 10 minutos a contemplar en silencio el pasaje. Ten presentes estas reflexiones:

Jesús cuenta una historia sobre dos hijos que, en el fondo, no eran muy buenos. De ella podemos aprender que el ser humano siempre tiene la capacidad de cambiar. Por más bajo que se haya caído, por más lejos que se encuentre de Dios, por más mal que haya hecho, siempre se puede regresar a Dios, como lo hizo el hijo de la parábola, que primero dijo que no iría, pero se arrepintió y fue.

✠ *¿Qué puedo aprender de este pasaje?*

Parábola de los viñadores malvados (21:33-46)

Dedica de 8 a 10 minutos a contemplar en silencio el pasaje, pensando también en estas ideas:

En una viña hay todo tipo de plantas, algunas dan frutos y otras son solo hierbas. Así sucede en nuestra vida: hay buenas obras y progreso, a la vez que problemas y obstáculos. Lo importante es que dejemos entrar en ella a aquellas personas que Dios nos manda para hablarnos de Él. Estas pueden ser personas de la parroquia, un sacerdote, alguna religiosa, alguien del grupo de oración, del trabajo, de la familia, incluso de la radio católica que a veces escucho.

También debemos dejar entrar al mismo Jesús, el cual se hace presente en la Eucaristía, en el Sacramento de la Reconciliación, en el sacramento del Matrimonio, en el Sagrario, en su Palabra y en las luces espirituales que nos concede cuando estamos en oración.

✠ *¿Qué puedo aprender de este pasaje?*

Parábola del banquete de bodas (22:1-14)

Dedica de 8 a 10 minutos a contemplar en silencio el pasaje. También ten presentes estas reflexiones:

La historia nos habla de un rey, Dios, que ordena: vayan a los cruces de los caminos y a cuantos encuentren invítenlos al banquete de bodas, el Reino de los Cielos. Algunos, gustosos, aceptaron la invitación, y ya se encuentran disfrutando del banquete del Reino de los Cielos. Están esforzándose por vivir de acuerdo con las enseñanzas de Jesús, sirviendo a su comunidad, recibiendo los sacramentos, orando y haciendo el bien. Todavía quedan por ahí algunos "aguafiestas," que no se han querido poner el traje de boda para poder entrar al banquete, ¡animémosles a ponérselo! Además, aún hay personas que nunca han oído hablar del banquete. Dios las invitó, como invitó a todos, pero las circunstancias de la vida han hecho que no lo sepan a ciencia cierta. ¡Debemos decírselo!

✠ *¿Qué puedo aprender de este pasaje?*

PARTE 2: ESTUDIO INDIVIDUAL (MT 22-23)

Los seres humanos están hechos a imagen y semejanza de Dios. Así como una moneda del Imperio Romano en la época de Jesús tenía acuñada la imagen del César y le pertenecía a él, de la misma manera nosotros le pertenecemos a Dios. Jesús continúa advirtiendo a aquellos que le siguen, que no sigan el ejemplo de los escribas y fariseos, a quienes Jesús califica de hipócritas, porque sus actitudes internas no coinciden con su apariencia externa de líderes religiosos piadosos.

Día 1: Pago de impuestos al César (22:15-22)

Las autoridades judías trataron de atrapar a Jesús con un tema espinoso: el pago de impuestos. En este caso, la cuestión era bastante complicada, ya que pagar impuestos significaba entregar dinero al Imperio Romano, potencia extranjera que los dominaba. Por esta razón, se unieron los fariseos y los herodianos para cuestionar a Jesús buscando ponerle en un aprieto y hacer así que quedara mal ante sus seguidores. Si Jesús respondía que era legal pagar impuestos a un gobernante pagano, entonces perdería credibilidad ante el pueblo, pues se le consideraría pusilánime; si decía que no era legal, entonces, al enterarse las autoridades romanas, lo arrestarían.

Jesús, viendo la coartada, sabiamente evitó la trampa pidiéndoles que le mostrasen una moneda. La moneda tenía grabada la imagen del César. Tras preguntarles por la identidad de la imagina grabada en esta, les dice: "Del César.» Entonces les dijo: «Pues lo del César devuélvanselo al César, y lo de Dios, a Dios" (22:21). Los que estaban escuchando comprendieron el mensaje, pues en aquel entonces se pensaba que los bienes materiales pertenecían a aquel cuya imagen se encontraba grabada de alguna manera en el material. Por tanto, si la imagen del césar se encontraba en la moneda, pertenecía al césar. De igual manera sucedía con la Creación que estaba hecha a imagen y semejanza de Dios: pertenecía a Dios.

Lectio divina

Dedica entre 8 y 10 minutos a la contemplación silenciosa del pasaje, teniendo en cuenta estas reflexiones:

En este pasaje, Mateo nos dice que estamos hechos a imagen y semejanza de Dios. Si la imagen que la moneda tenía grabada era del césar, entonces también lo era la moneda; nosotros, por haber sido creados a imagen y semejanza de Dios, somos de Dios. Es a Él a quien pertenecemos legítimamente.

✠ *¿Qué puedo aprender de este pasaje?*

___

Día 2: Los saduceos y la resurrección (22:23-33)

Los saduceos se acercaron a Jesús para preguntarle sobre la resurrección. Ellos eran miembros de la clase alta de la sociedad judía en la época de Jesús y solo aceptaban los primeros cinco libros de las Escrituras. Ya que estos libros no hacían referencia a la resurrección de los muertos, se negaban a creer en ella. Por tanto, citando el libro del Deuteronomio (25:5-10) le plantearon un problema. En ese pasaje, Moisés da la ley del levirato, según la cual un hombre debe casarse con la viuda de su hermano difunto. Se trataba de siete hermanos, cada uno de ellos se casó con la misma mujer antes de morir. La pregunta era ¿de cuál de los siete será su mujer, cuando resuciten?

Jesús contestó citando la Escritura, diciendo que Dios se llama a sí mismo "el Dios de Abraham, el Dios de Isaac, el Dios de Jacob" (3:6). Dios era amigo de Abraham, de Isaac y de Jacob, cuando vivían. Esa amistad no se podía acabar con la muerte, por tanto, "No es Dios de muertos, sino de vivos" (22:32).

Lectio divina

Dedica entre 8 y 10 minutos a la contemplación silenciosa del pasaje:

La resurrección de los muertos es una creencia central de la fe cristiana. Creemos que Jesús resucitó de entre los muertos, y que nosotros también resucitaremos porque así nos lo aseguró Él. No solo creemos en ella, sino que esperamos resucitar y vivir por siempre con Dios. Mucho se ha hablado y especulado de cómo será la vida eterna. Sabemos que será un estado de eterna alegría y amor en la unión con Dios para los que han permanecido fieles a Él hasta la muerte. Pensar en la resurrección nos da esperanza. ¡La resurrección es una promesa y un regalo!

✠ *¿Qué puedo aprender de este pasaje?*

___

Día 3: El gran mandamiento (22:34-40)

Vemos cómo las autoridades religiosas tratan de poner a prueba a Jesús cada vez que tienen oportunidad. En esta ocasión, fue un doctor de la Ley quien maliciosamente le preguntó cuál de todos los preceptos de la Ley –más de seiscientos– era el más importante. Jesús sorprendió a todos con su profundo conocimiento de la Ley de Dios al contestar citando el libro del Deuteronomio "Amarás a Yahvé tu Dios con todo tu corazón, con toda tu alma y con todas tus fuerzas" (6:5), uniéndola a la ley dada en el Levítico "amarás a tu prójimo como a ti mismo" (19:18). Por primera vez alguien había unido las dos leyes del amor. De ahí en adelante el amor al prójimo se verá de manera diferente, ya que por mandato de Jesús este quedo por siempre unido al mandamiento sobre el amor de Dios.

Lectio divina

Dedica entre 8 y 10 minutos a la contemplación silenciosa del pasaje:

> El propósito de los mandamientos es ayudarnos a llegar a Dios. Por medio de estos hacemos lo conveniente y evitamos aquello que nos aleja tanto de Dios como de nuestros hermanos. Los mandamientos no tienen por objetivo restringir nuestra libertad. Al contrario, si los seguimos, seremos más libres porque nos estaremos convirtiendo en aquello para lo que Dios nos creó. Jesús unió firmemente los dos amores, el amor a Dios y el amor al prójimo. ¿Los uno yo?
>
> ✠ *¿Qué puedo aprender de este pasaje?*

Día 4: Jesús se enfrenta a los escribas y a los fariseos. Aflicciones y lamentos de Jesús (23:1-36)

Hemos estado leyendo varios pasajes en los que Jesús se ha enfrentado a los escribas y fariseos, quienes creyendo seguir la tradición de Moisés, se sentían con el derecho a interpretar y enseñar la Ley, y ver que se observaran todas las reglas. Jesús les amonestó porque en su actuar no había pureza de intención, más bien, buscaban ser vistos por los demás en lugar de buscar dar culto a Dios. Además, hacían de la práctica de la fe una carga más que un gozo.

En el capítulo 5 de su Evangelio, Mateo narra las siete bienaventuranzas al inicio de la vida pública de Jesús; ahora presenta siete antítesis, dirigidas a los escribas y fariseos quienes veían amenazado su coto de poder con la llegada de Jesús. En este pasaje leeremos una serie de amonestaciones hechas por Jesús a estos líderes religiosos, las cuales se conocen como los "ayes" (¡ay!). Es un listado de siete reclamos cargados de dolor más que de ira y que inician con las palabras: "¡Ay de ustedes…!".

Estos siete "ayes", además de ser importantes para las multitudes que debían vérselas con los escribas y fariseos, también son importantes para la comunidad a la que Mateo dirigió su Evangelio, como recordatorio de que el verdadero líder es aquel que sirve.

Lectio divina

Dedica entre 8 y 10 minutos a la contemplación silenciosa del pasaje:

Jesús no solo se enojó, sino que también se lamentó con el comportamiento de los líderes religiosos judíos, quienes no fueron capaces de escuchar la palabra de Dios en la Escritura, y se dedicaron a llevar por caminos equivocados a aquellos que debían guiar e instruir. Jesús los comparó con los sepulcros que por fuera están construidos con hermosa piedra blanca, pero por dentro "están llenos de huesos de muertos y de toda inmundicia" (23:27). Que no nos suceda así a nosotros: que nuestro exterior y nuestro interior sean igualmente hermosos, con la hermosura que solo Dios puede dar a las almas que están cerca de él.

✠ *¿Qué puedo aprender de este pasaje?*

Preguntas de reflexión

1. ¿Qué quiso decir Jesús cuando dijo: "Den, pues, al césar lo que es del césar y a Dios lo que es de Dios"?
2. Según la enseñanza de Jesús, ¿cuál es el mandamiento más importante?
3. ¿Cuál de los siete "ayes" te parece el más duro y exigente?

La tribulación y el juicio. La pasión y la resurrección

MATEO 24-28

Vayan, pues, y hagan discípulos a todas las gentes, bautizándolas en el nombre del Padre y del Hijo y del Espíritu Santo, y enseñándoles a guardar todo lo que yo les he mandado. Y estén seguros que yo estaré con ustedes día tras día, hasta el fin del mundo (28:19-20).

Oración inicial: *(Ver página 15)*

Contexto

Parte 1, Mateo 24-26: Estos capítulos marcan el final del ministerio público de Jesús y el inicio de la narración de la pasión. Los capítulos 24 y 25 componen el quinto de los cinco discursos que Mateo presenta a través de su Evangelio. Se le conoce con el nombre de "Discurso escatológico" que viene del griego, *éschaton*, que significa último, final. Este discurso trata sobre el llamado de Jesús a permanecer vigilantes y a vivir con esperanza. Para esto se presentan dos parábolas de Jesús. En la de las diez vírgenes pide que estemos preparados para su venida y, en la de los talentos, que usemos aquello que Él nos da para edificar a la comunidad. Esta sección termina con la parábola sobre el juicio, en el que los servidores de Cristo serán recompensados y los que no lo sirvieron serán condenados.

El capítulo 26 versa sobre la pasión de Jesús. Mateo nos presenta a Jesús sabiendo lo que iba a suceder, en control de la situación y con pleno conocimiento de que iba a morir.

Parte 2, Mateo 27-28: Mateo hace una rápida presentación de la agonía de Jesús camino de la cruz, su crucifixión y el triunfo final de su resurrección; termina con el mandato misionero que da a sus discípulos de ir por todo el mundo y bautizar en el nombre del Padre, y del Hijo, y del Espíritu Santo. Mateo termina su Evangelio relacionando el mandato misionero con la narración de la infancia de Jesús: Él estará con sus discípulos siempre, hasta el fin del mundo, es decir, seguirá siendo el Emmanuel, esto es, "Dios con nosotros".

PARTE 1: ESTUDIO EN GRUPO (MATEO 24-26)

Leer en voz alta Mateo 24-26

El comienzo de la catástrofe (24:1-28)

El Templo de Jerusalén había sido construido en la época del Rey Salomón, en el siglo X a.C. El Arca que contenía las Tablas de la Alianza fue colocada en él (1 Re 8:6-9). Aproximadamente en el 598 a.C. los babilonios atacaron Jerusalén y saquearon el Templo (2 Re 24:13). Diez años después, Jerusalén cayó bajo el dominio babilónico, sus murallas fueron derribadas y el Templo totalmente destruido. Su reconstrucción, paulatina, comenzó hasta el 538 a.C. Para el pueblo judío el Templo era su orgullo, su centro religioso, a él llegaban anualmente los peregrinos desde tierras lejanas, pues era considerado el lugar de la morada de Dios.

En esta ocasión fue Jesús quien, saliendo del Templo, contempló su magnificencia y les dijo a sus discípulos que todo eso iba a ser destruido, y que no quedaría piedra sobre piedra. Mateo coloca a Jesús sentado al pie del Monte de los Olivos (cf. Zac 14:4.) cuando los discípulos se acercan para preguntarle en privado cuándo sería la destrucción del Templo, cuáles serían las señales de su segunda venida y del fin del mundo. Estas preguntas son las que se estaban haciendo los miembros de la naciente Iglesia, quienes ya habían vivido la destrucción del Templo a manos de los romanos. Por tanto, su preocupación era saber lo que sucedería en el futuro inmediato: ¿se iba a acabar pronto el mundo?, ¿cuándo llegaría Jesús? Buscaban signos que les indicasen cuándo ocurriría esto. La respuesta de Cristo invita, más bien, a preocuparse por el Juicio Final, a buscar el Reino de Dios en esta tierra y no a buscar signos extraordinarios como guerras, carestías, terremotos, etc.

Estos textos evangélicos que hablan de calamidades pueden producirnos, no solo confusión, sino incluso franca angustia. La intención de Mateo era exhortar a los miembros de la naciente Iglesia a que aprendiesen sobre la devastación que les había sucedido a sus antepasados, cuando alrededor del año 170 a.C., el rey de Siria, Antíoco Epífanes, invadió Jerusalén llevando a cabo una serie de atrocidades, como por ejemplo, erigiendo un altar al dios pagano en el atrio del Templo. A este hecho se le denominó "la abominación de la desolación".

Mateo presenta a Jesús utilizando esas mismas imágenes de la abominación al aludir a la destrucción de Jerusalén y del Templo a manos de los romanos. Esta iba a ser tan terrible, que nadie tendría oportunidad de mirar atrás. La llegada del fin de los tiempos sería tan repentina, que nadie podría preverla; y la segunda venida del Hijo del Hombre, es decir, de Cristo glorioso, iba a ser tan rápida como un rayo, y tan segura como que alrededor de un cadáver siempre se reúnen los buitres.

La venida del Hijo del Hombre (24:29-31)

A este pasaje del Evangelio también suele llamársele la "parusía", refiriéndose a la segunda venida de Jesús a la tierra, pero ahora glorioso. Esta es el último evento que sucederá y el que le da razón de ser a toda la historia de la humanidad. Para hablar de este momento, hay que echar mano de imágenes y símbolos que expliquen lo que sucederá.

Para eso Mateo, al igual que Marcos y Lucas, emplea un tipo de escritura llamada "literatura apocalíptica", muy utilizada en la época de Jesús, para escribir acerca del fin del mundo. Este estilo literario usaba símbolos y visiones para describir revelaciones dadas por Dios. Estas visiones por lo general hablan de guerras, fenómenos extraordinarios en el cielo, vientos, mensajes angélicos y, por supuesto, el juicio. Un error común de muchas personas, especialmente de ciertos "tele-evangelistas", es interpretar el lenguaje apocalíptico de manera literal, como si describiera exactamente lo que va a suceder en el fin del mundo. Eso es incorrecto, pues se trata simplemente de imágenes.

La lección de la higuera (24:32-35)

Jesús usó la imagen de una higuera para enseñar a sus discípulos una lección sobre los "signos de los tiempos". El pueblo judío solía consumir higos, esto es, el fruto de la higuera. Estaba familiarizado con esta planta, por lo que para ellos era fácil reconocer en sus pequeños brotes que la primavera estaba cerca. De la misma manera, Jesús invita a quienes lo escuchan a darse cuenta de que el final estaría cerca cuando sucedieran todas las cosas que Él estaba prediciendo.

Los miembros de esta primera comunidad o Iglesia naciente, pensaban que la segunda venida de Jesús era inminente, es decir, que de un momento a otro todo esto sucedería. Nosotros ahora sabemos que efectivamente va a haber una segunda de venida de Jesús y que debemos estar atentos, pero con la seguridad de que, cuando todo esto suceda, la Palabra de Dios, que es eterna, no tendrá fin (24:35).

Estén preparados (24,36-44)

El mensaje de Jesús en este pasaje es que no sabemos ni el día ni la hora y, en cierto modo, ni siquiera Él mismo sabe cuándo regresará de nuevo. Por lo tanto, como no podemos saber la hora exacta de la segunda venida, debemos estar siempre preparados.

Comparó la incertidumbre de la segunda venida con el diluvio, cuando todo transcurría con normalidad y de pronto llegaron fuertes lluvias inundándolo todo. De esa misma manera también los seres humanos terminan su vida. Jesús ilustró cómo sería esto usando imágenes de separación: "Entonces, estarán dos en el campo: uno será tomado, y el otro dejado; habrá dos mujeres moliendo en el molino: una será tomada, y la otra dejada" (24:40-41). Volverá a usar este tipo de imágenes en el siguiente capítulo para mostrar que en el Juicio Final uno será elegido y el otro, rechazado.

El siervo fiel y el siervo infiel (24:45-51)

Siguiendo con el tema de la importancia de vivir diariamente preparados y atentos para cuando Jesús glorioso regrese, esta parábola nos presenta a un señor, que representa a Jesús, y a unos siervos, que representan a todos los seres humanos. Nos dice que serán dichosos aquellos siervos a los que el señor encuentre cumpliendo su deber cuando regrese. Jesús pide que le demos buenas cuentas de la parte del mundo que nos tocó cuidar. Aquellos que no lo hagan, correrán "suerte entre los hipócritas. Allí será el llanto y el rechinar de dientes" (24:51).

Por tanto, no se trata de buscar signos que nos anuncien el fin del mundo, sino de vivir de acuerdo con la fe que profesamos.

La parábola de las diez vírgenes (25:1-13)

Para nosotros, ciudadanos del siglo XXI, esta historia que contó Jesús de diez jovencitas nos parece bastante extraña. Pero, para aquellos que le estaban escuchando, la necesidad de tener aceite en la lámpara era una exigencia diaria, ya que no había luz eléctrica y sin aceite las lámparas no podían encenderse. Este capítulo que iniciamos es una aplicación práctica del capítulo anterior en el que hemos estado viendo la necesidad de estar continuamente alerta porque no sabemos ni el día ni la hora en que Jesús (el esposo) llegará. Esta parábola se encuentra únicamente en el Evangelio de Mateo, quien vuelve a usar la imagen de la separación. Jesús nos habla de jóvenes prudentes y jóvenes necias.

En la época de Jesús, el novio iba a la casa de la novia para hablar con el padre de esta y hacer los arreglos finales para el matrimonio. Después de un breve festejo, la pareja salía rumbo a la casa del novio para celebrar la boda escoltados por las jóvenes mencionadas por Jesús. Esta parábola narra que había cinco de ellas que prudentemente tenían el suficiente aceite para mantener sus lámparas encendidas, y cinco necias a las que, como el novio tardó más de lo esperado, se les acabó el aceite por que no habían tomado las precauciones necesarias.

Las vírgenes necias pidieron a las prudentes que les compartieran de su aceite, pero al obtener una respuesta negativa, porque este no iba a alcanzar para todas y terminarían por apagase todas las lámparas, las necias salieron a comprar más aceite. Mientras tanto llegó la procesión y las jóvenes prudentes entraron a la casa del novio donde se llevó a cabo la boda y las necias se quedaron fuera. El mensaje de la parábola es claro: debemos estar siempre alerta porque no sabemos en qué día vendrá el esposo, Cristo.

La parábola de los talentos (25:14-30)

En esta parábola el mensaje está claro: hay que hacer buen uso de los dones que Dios nos ha dado. Para transmitir esta enseñanza, Jesús se valió de una parábola que nosotros conocemos como de los "talentos". Habla de un hombre de negocios que sale de viaje y deja a sus empleados encargados de sus bienes para que los manejen mientras está fuera. Habiendo pasado mucho tiempo fuera, regresó de manera inesperada y encontró que dos de sus empleados habían hecho buen uso de los bienes y los habían duplicado. Los felicitó, les dio más y los invitó a participar en "la fiesta de su señor" (la vida eterna). Pero hubo un tercer empleado, quien no hizo nada con los bienes que se le confiaron y se justificó diciendo que le dio miedo y los enterró. Como era de esperar, el hombre de negocios se molestó muchísimo, lo regañó, le quitó lo que tenía y lo expulsó a las tinieblas, es decir, el infierno, donde será el "llanto y crujir de dientes"

Esta historia nos muestra cómo Dios trata con nosotros, sus hijos, quienes vamos a tener que rendir cuentas de los dones y talentos recibidos.

El juicio de las naciones (25:31-46)

Este pasaje se refiere al Juicio Final donde los buenos serán separados de los malos. Jesús vuelve a utilizar escenas que les eran familiares a las personas de esa época, donde a menudo las ovejas y las cabras pastaban juntas durante el día, porque la tierra era árida y el pasto escaso; y en la noche las separaban; las mansas ovejas por un lado, las inquietas cabras por otro.

Mateo presenta una visión apocalíptica de Jesús, el Hijo del Hombre, escoltado por ángeles y sentado en su trono juzgando a todas las naciones. La separación es una consecuencia inevitable del juicio. Ahí se verá quién amó de verdad. El amor es la materia sobre la que seremos examinados. Aquellos que mostraron amor, compasión y misericordia hacia el prójimo, esto es, dieron de comer al hambriento, de beber al sediento, acogieron al forastero, vistieron al desnudo, visitaron a los presos; son las ovejas que heredarán la vida eterna. Aquellos que no amaron a los demás, por su parte, serán condenados.

El cuidado de los desposeídos, de los "más pequeños", será la materia del Juicio Final. Y es esta enseñanza la que Mateo quiere dejar clara para la naciente Iglesia a la que iba dirigido su Evangelio.

La conspiración contra Jesús, la unción en Betania y la traición de Judas (26:1-16)

Jesús predice que va a ser entregado. Las autoridades judías se reúnen con el sumo sacerdote, Caifás, para tramar cómo atraparlo. Con esto inicia el relato de la pasión. Inmediatamente después Mateo nos narra cómo una mujer unge a Jesús con perfume muy caro en la casa de Simón. Este hecho despierta opiniones encontradas. Por un lado, los discípulos se indignan ante lo que ellos consideran un derroche, un gasto innecesario; por otro, Jesús les anuncia que a Él no siempre lo tendrán y les advierte que lo hecho por esa mujer no será olvidado. ¡Han pasado más de dos mil años y lo seguimos recordando!

En la antigüedad a menudo se utilizaba algún tipo de aceite perfumado para ungir un cuerpo antes de enterrarlo. Debido al tipo de muerte a la que Jesús se enfrentaría, no habría tiempo para ungir su cuerpo, por lo tanto, con esta "unción" la mujer preparó a Jesús para su entierro.

Finalmente se nos narra que uno de los doce, Judas, traiciona a Jesús a cambio de treinta monedas de plata, cantidad que trae a la memoria la profecía de Zacarías (11:12), que habla sobre un pastor que recibió treinta monedas de plata. Mateo podría estar diciendo que, para los líderes religiosos, Jesús no valía más que eso. Judas queda en espera de una oportunidad para traicionar a Jesús.

Acontecimientos durante la Pascua (26:17-30)

La época de la fiesta de la Pascua era una festividad anual muy esperada por los judíos. El pueblo recordaba cómo sus antepasados habían sido liberados de la esclavitud en la que vivían en Egipto (Ex 12). En esa noche, el ángel de la muerte mató a los primogénitos de los egipcios, pero "pasó por encima" de las casas de los judíos, porque el dintel de sus puertas estaba marcado con la sangre de un cordero sin mancha, sacrificado para la ocasión. Por tanto, era común que se preparara la cena de Pascua.

Fue en la época de la Pascua en la que Jesús fue a Jerusalén, pidió a sus discípulos que preparasen la cena, comió la Pascua con sus doce apóstoles y les anunció que uno de ellos lo traicionaría. Durante la comida era costumbre sumergir el pan en un plato común e incluso pasar el pan a otro como gesto de amistad. Es en ese momento en que Jesús les hizo saber que Judas era el traidor. Aunque según las Escrituras Jesús estaba destinado a morir de esa manera, esto no disminuye la culpa de quien lo traicionó. Vale la pena notar que Mateo muestra la fe de los otros discípulos al dirigirse a Jesús con el título de "Señor", mientras que Judas, quien carece de fe, le llamaba "rabino", es decir, maestro. No es lo mismo ser el Señor Dios, que el maestro.

¡Qué cena tan importante! Jesús instituyó el sacramento de la Eucaristía al tomar el pan y el vino, bendecirlos e invitar a los suyos con las palabras tan conocidas para nosotros "Tomad..., comed todos de él". Comer y beber su Cuerpo y su Sangre, que serían derramados por muchos para el perdón de los pecados. La "sangre de la alianza" recuerda la alianza hecha en el libro del Éxodo (24:8) en la que Moisés roció al pueblo con la sangre como señal de un pacto. Jesús y sus discípulos concluyeron la cena recitando los himnos propios de la ocasión antes de partir rumbo al Monte de los Olivos.

Predicción, oración y agonía de Jesús en el Huerto (26:31-46)

Jesús anunció que la hora señalada había llegado. Advirtió a sus discípulos que su fe sería sacudida esa noche. Citó al profeta Zacarías (13:7), quien había predicho que las ovejas se dispersarían cuando el pastor fuese herido. Sin embargo, aquí hay también un punto que abre a la esperanza: Jesús les habló de su resurrección y como Él iría delante de ellos a Galilea.

Pedro, quien valientemente había renunciado a todo lo que tenía para seguirle, una vez más hizo alarde de su valor prometiendo a Jesús que nunca lo dejaría. Jesús le advirtió que, antes de que el gallo cantara tres veces, él ya lo habría negado. Con esa imagen quería decir que lo negaría antes del amanecer. Pero Pedro, una vez más valiente e impulsivo, dijo que él jamás lo negaría. Y los demás discípulos hicieron lo mismo.

Jesús fue a orar al llamado Huerto o Jardín de Getsemaní. Sabía que en la oración encontraría la fuerza que necesitaba para abrazar la voluntad del Padre y aceptar el sufrimiento que esta implicaba. Tomó a Pedro, Santiago y Juan consigo, los mismos que le habían acompañado en la transfiguración. Con ello subrayaba la importancia del momento. Les confesó la tristeza de su alma y les animó a permanecer despiertos con Él.

En el jardín, vemos el conflicto por el que atraviesa Jesús: por un lado, su decisión de cumplir en todo la voluntad del Padre; y por otro, el profundo temor y angustia que padecía. Es importante notar que en su oración siempre terminaba diciendo "que se haga tu voluntad y no la mía". Jesús pedía al Padre que lo librara de ese momento de prueba, pero también le decía que prefería cumplir su voluntad. En este pasaje llama la atención la debilidad y superficialidad de los discípulos, que no pudieron permanecer despiertos con Él. Jesús los despertó porque el traidor había llegado.

La traición y el arresto de Jesús (26:47-56)

Judas se presentó ante Jesús para arrestarlo, llevando consigo una turba reunida por los sumos sacerdotes y los ancianos. Mateo, al llamarlo "uno de los doce", hace patente la infamia de Judas, quien había sido invitado a formar parte del núcleo de amigos cercanos de Jesús y ahora lo entregaba con un beso.

Uno de los compañeros de Jesús, identificado como Pedro en el Evangelio de Juan, le cortó la oreja al siervo del sumo sacerdote. Jesús lo amonesta diciendo que, si Él lo hubiera querido, podría haber tenido ayuda del cielo, pero ese era el momento para que se cumpliese lo que los profetas habían escrito desde antiguo. Y tal y como lo había predicho, los discípulos lo abandonaron.

Jesús ante el Sanedrín (26:57-68)

Jesús fue llevado a casa de Caifás, el sumo sacerdote, donde los escribas y los ancianos se habían reunido para enjuiciarlo. Mientras tanto, Pedro se había sentado afuera para ver el desenlace. Algunos comentaristas ven en el juicio de Jesús en la casa de Caifás un intento de obtener pruebas para una condena formal al amanecer, ya que la ley judía prohibía realizar juicios durante la noche.

En su afán de eliminar a Jesús, los judíos no dudaron en utilizar testigos falsos, pero ni siquiera de esa forma pudieron condenarlo. Por último, se presentaron dos, que le acusaban de creerse tan poderoso que podía destruir el Templo y reconstruirlo en tres días. Los destinatarios del Evangelio de Mateo comprenderían inmediatamente que Jesús estaba hablando del templo de su propio cuerpo, el cual había sido destruido por la crucifixión y resucitado al tercer día.

Esperaban que dijera algo que pudieran usar como evidencia para ejecutarle. Cuando lo interrogaron por su pretensión de ser el Mesías y el Hijo de Dios, Él no lo negó, sino que dijo simplemente: "Tú lo has dicho". Cabe notar que el pueblo judío estaba a la espera de un Mesías o Salvador, pero nunca se habían imaginado que ese Mesías además sería Dios. Cuando Jesús le dijo al sumo sacerdote que verían al Hijo del Hombre, Jesús, sentado a la derecha del Todopoderoso, el sumo sacerdote se rasgó las vestiduras en señal de indignación, al haber escuchado una blasfemia. La pretensión de ser el Hijo de Dios era considerada un insulto a la majestad de Dios, por tanto una blasfemia. Este tipo de blasfemia se castigaba con la muerte.

Pedro niega a Jesús (22:1-14)

Una mujer acusó a Pedro de haber estado con Jesús. Él lo negó enérgicamente. Cuando lo negó por tercera vez, el gallo cantó. Pedro entonces recordó la predicción de Jesús y lloró amargamente. Jesús se enfrentó con valor y honestidad a quienes lo acusaban; Pedro, por su parte, se enfrentó a sus acusadores con cobardía y mentira. Los miembros de la naciente Iglesia que habían negado a Cristo en momentos de persecución y acoso, con seguridad encontraron cierto consuelo en el hecho de que incluso Pedro, el gran apóstol, también había tenido un momento de debilidad.

Preguntas de reflexión

1. ¿Cuándo será el día y la hora de la segunda venida de Jesús?
2. ¿Cuál es el mensaje de la parábola de las diez vírgenes?
3. ¿Cuál es el mensaje de la parábola de los talentos?
4. ¿Qué buscaba enseñar Mateo a la Iglesia naciente sobre cómo tratar a los demás? ¿Sobre el amor? ¿Sobre el pecado de omisión que no nos deja hacer todo el bien que podríamos hacer?

5. ¿Cuáles son las cosas más importantes que sucedieron en la Última Cena?

6. ¿Qué aprendemos del juicio que el Sanedrín le hizo a Jesús?

Oración final: (Ver página 15)

Hacer la oración final ahora o después de la *Lectio divina*

Lectio divina: (Ver página 8)

Relaja tu cuerpo y mantén una postura de oración (sentado, ojos cerrados, ambos pies en el piso). Este ejercicio puede tomar el tiempo que sea necesario. En el contexto de este estudio de Biblia, de diez a veinte minutos son suficientes. El propósito de la *Lectio divina* es ayudarte a entrar en la dinámica de la oración y contemplación de la Palabra de Dios, que puedas entablar un diálogo con Dios en lo más íntimo de tu corazón. Ve la página 8 para más instrucciones.

El comienzo de la gran tribulación (24:1-28)

Dedica de 8 a 10 minutos a contemplar en silencio el pasaje. Ten en cuenta esta reflexión:

A través de los siglos, Dios ha enviado a misioneros valientes para difundir el mensaje de Cristo. San Francisco de Asís, por ejemplo, fundó a los franciscanos, que influyeron en la difusión del mensaje a través de Europa y América Latina, al igual que los dominicos fundados por santo Domingo de Guzmán. Los jesuitas, fundados por san Ignacio de Loyola; los Redentoristas, por san Alfonso María de Ligorio; los Salesianos, por san Juan Bosco, y muchas más de órdenes religiosas, institutos de vida consagrada, sociedades de vida apostólica, movimientos eclesiales y seglares quienes, con la ayuda del Espíritu Santo, han logrado que el Evangelio sea predicado hasta los confines de la tierra. Nuestra responsabilidad como bautizados es compartir el mensaje de Cristo. Aunque pensemos que es poco lo que podemos hacer, Dios con nuestro poco, hace mucho.

✠ *¿Qué puedo aprender de este pasaje?*

La venida del Hijo del Hombre (24:29-31)

Dedica de 8 a 10 minutos a contemplar en silencio el pasaje, teniendo en cuenta estas ideas:

La Biblia está escrita en muchas de sus partes utilizando un lenguaje poético y simbólico. Al igual que la poesía, esta utiliza símbolos para representar ideas. Veamos el caso de las poesías de amor. En ellas se usan imágenes que nos dan a entender los sentimientos del autor. Como ejemplo podemos citar la poesía que dice: "tus ojos son como el océano". ¿Qué trataba de comunicar el autor? ¿Qué los ojos eran azules o quizás que tenía una mirada pura? Lo mismo sucede con la Biblia, tenemos que entender qué es lo que trataba de comunicar el autor. A veces, corremos el riesgo de quedarnos en las palabras y no profundizar en el mensaje.

✠ *¿Qué puedo aprender de este pasaje?*

La lección de la higuera (24:32-35)

Dedica de 8 a 10 minutos a contemplar en silencio el pasaje. Ten presentes estas ideas:

Las palabras de Jesús son eternas. Ya nos los dijo Jesús: "El cielo y la tierra pasarán, pero mis palabras no pasarán" (24:35). Llegaron a nosotros por medio de la proclamación del Nuevo Testamento y se nos invita a vivir de acuerdo con ellas, ayudando a quienes nos rodean. Nos invitan a descubrir la realidad hermosísima de que Dios es más grande y poderoso que cualquiera de nuestros miedos. Inclusive el miedo al fin del mundo.

✠ *¿Qué puedo aprender de este pasaje?*

Estén preparados (24:36-44)

Dedica de 8 a 10 minutos a contemplar en silencio el pasaje teniendo presente esta pequeña historia:

El papá de un amigo iba a ser sometido a un estudio del corazón de rutina. No era nada grave, un estudio programado con tiempo, se llevaría a cabo en un hospital con aparatos, doctores e instrumental de primera línea. La familia se despidió de él al tiempo que la camilla salía rumbo a la sala donde se llevaría a cabo el estudio. No había nada que temer. El doctor había realizado ese estudio cientos de veces. Todo lo que quedaba hacer era encomendarlo y esperar. El lector, en estos momentos, ya habrá imaginado el terrible desenlace. Las cosas no salieron como lo planeado, el corazón empezó a fallar, se hizo todo lo posible, pero el señor murió.

Hemos estado leyendo en Mateo cómo Jesús nos advirtió que nadie sabe ni el día ni la hora. Lo único que nos queda es estar preparados para cuando llegue, como sucedió con este señor.

✠ *¿Qué puedo aprender de este pasaje?*

El siervo fiel y el siervo infiel (24:45-51)

Dedica de 8 a 10 minutos a contemplar en silencio el pasaje teniendo presente estas ideas:

La palabra "fidelidad" viene del latín fidélitas que indica la voluntad de dar cumplimiento a una promesa. Por tanto, es una acción, es decir, ser fiel implica un esfuerzo consciente de nuestra parte. La fidelidad no cae de los árboles. Hay que trabajar en ella día a día. Ser fiel a la palabra dada, al compromiso adquirido, a la persona con quien se contrajeron nupcias, a la fe que se profesa, a la empresa para la que se trabaja, no es fácil, pero estamos llamados a ello. Ser fiel a Dios en medio de las tentaciones de la vida, cuando la sequedad espiritual llega, cuando los problemas económicos se presentan, cuando alguna tragedia de la vida nos hace creer que Dios es injusto, es cuando más se necesita la fidelidad, porque nuestros instintos humanos, nuestra razón nos dicen "olvídalo, mándalo a volar". En medio de las tentaciones, encomendémonos a Jesús, quien supo en carne propia lo que se siente.

✠ *¿Qué puedo aprender de este pasaje?*

La parábola de las diez vírgenes (25:1-13)

Dedica de 8 a 10 minutos a contemplar en silencio el pasaje. Ten en cuenta estas ideas:

Cuesta trabajo entender esta parábola y no precisamente por la historia de la boda, sino por la manera en que se comportaron las vírgenes prudentes. ¿Cómo, si tenían aceite, no lo compartieron con sus compañeras? ¿Por qué no se les ocurrió apagar la mitad de las lámparas mientras llegaba el novio y esperar así hasta que apareciera el novio? Lo cierto es que, cuando Jesús venga al final de los tiempos, debe encontrarnos preparados, independientemente de que muramos por una enfermedad terminal, un accidente o de otra forma. Hay cosas que no se pueden improvisar, debemos prepararlas desde ahora. ¿Me estoy preparando?

✠ *¿Qué puedo aprender de este pasaje?*

La parábola de los talentos (25:14-30)

Dedica de 8 a 10 minutos a contemplar en silencio el pasaje, reflexionando también en estas ideas:

Cuando no usamos algo, lo desperdiciamos. Pongamos el ejemplo de un libro que alguien generosamente nos regala. Si lo leemos, sacaremos de él toda clase de enseñanzas o pasaremos un buen rato distrayendo nuestra mente y descansando. Podemos decir que el regalo cumplió su objetivo. Pero sí lo guardamos en el librero y nunca lo abrimos, el libro no sirvió para lo que fue hecho originalmente. Lo mismo sucede con los dones de Dios, esos regalos inmerecidos que Él nos da: si no los hacemos fructificar, los estamos desperdiciando. Hemos recibido el mensaje de que el Reino de los Cielos ya ha comenzado. Sabemos lo que Dios ha hecho por la humanidad. ¿Se lo estamos transmitiendo a otros? Todas las personas tienen el derecho a conocerlo.

✠ *¿Qué puedo aprender de este pasaje?*

El juicio de las naciones (25:31-46)

Dedica de 8 a 10 minutos a contemplar en silencio el pasaje:

Jesús nos enseña una lección muy importante acerca de amar a nuestro prójimo y responsabilizarnos de los demás. Seremos juzgados, no solo por el mal que hemos hecho, sino también por el bien que dejamos de hacer. Dios es bueno y misericordioso, y su amor nos obliga a tratar a los demás con bondad y misericordia. Cuando hacemos algo por uno de los "más pequeños" de Cristo, lo hacemos por Cristo. ¿Tratas a tu prójimo con la misericordia y el amor con que Cristo te ha tratado a ti? De acuerdo con la enseñanza de este pasaje, la manera como tratamos a los demás es la manera en que tratamos a Cristo.

✠ *¿Qué puedo aprender de este pasaje?*

La conspiración contra Jesús, la unción en Betania y la traición de Judas (26:1-16)

Dedica de 8 a 10 minutos a contemplar en silencio el pasaje, reflexionando también en estas ideas:

El amor ganó una vez más. Esta mujer amaba a Jesús y por amor hizo lo que hizo: ungió su cabeza con un perfume que con seguridad había sido traído de tierras lejanas donde las flores crecían, cosa que no sucedía fácilmente en Palestina. Mateo nos cuenta que era un perfume de gran valor. Los discípulos no aprueban este gesto. Ellos no le demuestran su amor a Cristo, pero tampoco les parece bien que esta mujer lo haga. Como dice el dicho: "ni comen, ni dejan comer" ¿Estás dispuesto a derramar tu amor sobre aquel que se entregó sin reservas para salvarte y a dejar que otros lo hagan?

✠ *¿Qué puedes aprender de este pasaje?*

Acontecimientos durante la Pascua (26:17-30)

Dedica de 8 a 10 minutos a contemplar en silencio el pasaje teniendo en cuenta estas ideas:

"Mi tiempo está cerca" (Mt 26:18) dijo Jesús. Y ¿nuestro tiempo? ¿Tenemos todo el tiempo para acercarnos a Dios? ¿Sabemos cuánto tiempo nos queda de vida? Jesús comió la Pascua con sus apóstoles, quería dejarles su Cuerpo y su Sangre, quería enseñarles a profundizar en su elección. ¿Eran amigos de Jesús o no?, pues uno de ellos le iba entregar. Nosotros también debemos profundizar en nuestra elección, preguntándonos si somos verdaderamente amigos de Jesús o no, si le traicionamos por treinta monedas de plata o no. Pidamos a Dios que fortalezca nuestra fe, nuestra esperanza y nuestro amor para que no le fallemos o lo abandonemos ante las tentaciones. Recordemos las palabras que Jesús nos enseñó: "no nos dejes caer en tentación y líbranos del mal"

✠ *¿Qué puedo aprender de este pasaje?*

Predicción, oración y agonía de Jesús en el Huerto (26:31-46)

Dedica de 8 a 10 minutos a contemplar en silencio el pasaje. Reflexiona también en las siguientes ideas:

Jesús nos conoce, conoce nuestra fragilidad que es parecida a la de Pedro. Cuando estamos cerca de Jesús, le prometemos que haremos ciertas cosas, que nos comportaremos como debemos, que no heriremos a los demás, que le seguiremos muy de cerca; pero cuando las pruebas llegan, la tentación nos quiere seducir y la vida diaria nos absorbe, podemos llegar a negarle tres, cinco o más veces.

Ante la tentación, el desánimo y la prueba, acudamos a Jesús, quien de acuerdo con lo dicho en Hebreos 2:18, "Pues, habiendo pasado él la prueba del sufrimiento, puede ayudar a los que la están pasando".

✠ *¿Qué puedo aprender de este pasaje?*

Traición y arresto de Jesús (26:47-56)

Dedica de 8 a 10 minutos a contemplar en silencio el pasaje. Considera también estas ideas:

Jesús, sin oponer resistencia, se entregó a quienes lo arrestaron. Él vino en paz y vivió la paz. Al igual que Jesús, los cristianos debemos compartir el mensaje de Jesús de una manera pacífica.

✠ *¿Qué puedo aprender de este pasaje?*

Jesús ante el Sanedrín (26:57-68)

Dedica de 8 a 10 minutos a contemplar en silencio el pasaje. Considera también lo siguiente:

Al llegar el tiempo de la Pascua, se hacían preparativos en Jerusalén para recibir a los peregrinos que iban a llegar de todas partes. Los romanos enviaban tropas adicionales a Jerusalén para hacer frente a posibles disturbios, ya que los judíos creían que el Mesías vendría en la Pascua para librar a su pueblo de la dominación extranjera. Jesús es interrogado por el sumo sacerdote: ¿eres o no eres el Mesías? Jesús confiesa abiertamente que sí es el Mesías y no solo eso, sino que estará sentado a la derecha del Padre. ¿Creo que Jesús es el Mesías, el salvador del mundo y mío? ¿Le creo a Jesús? ¿Creo en sus promesas, en sus palabras?

✠ *¿Qué puedo aprender de este pasaje?*

Pedro niega a Jesús (22:1-14)

Dedica de 8 a 10 minutos a contemplar en silencio el pasaje. Ten presentes estas ideas:

Ante la adversidad, es difícil vivir la fe. Hay cosas que es fácil decirlas, pero muy difícil vivirlas. Pedro fue uno de los pocos discípulos que tuvieron el valor de seguir a Jesús a la hora de su pasión, sin embargo, el miedo se apoderó de él. Inmediatamente se arrepintió derramando lágrimas amargas por haber negado a su Maestro, a diferencia de Judas que se suicidó. Cuando nos encontremos ante la tentación, el fracaso, la desilusión, la desesperación, pidamos a Jesús la gracia de ponernos nuevamente en marcha hacia Él.

✠ *¿Qué puedo aprender de este pasaje?*

PARTE 2: ESTUDIO INDIVIDUAL (MT 27-28)

Día 1: Jesús es conducido ante Pilato (27:1-10)

Judas terminó con su vida y esto verdaderamente es una tragedia. Se arrepintió a su manera, se arrepintió sin confianza, sin contar con la infinita misericordia Dios que es capaz de perdonar cualquier pecado. Reconoció el gran mal que había hecho y los muchos males que se seguían de este. Devolvió el dinero, admitió públicamente su culpa: "He pecado entregando sangre inocente" (27:4) y buscó hacer justicia con sus propias manos.

Jesús llegó a su juicio habiendo ya sido condenado por los sumos sacerdotes y los ancianos del pueblo, quienes se habían puesto de acuerdo para darle muerte. Lo llevaron a Pilato para que validara su decisión.

Lectio divina

Dedica de 8 a 10 minutos a contemplar en silencio el pasaje. Considera lo siguiente:

La desesperación es la aliada de la vanidad: o las cosas salen como yo quiero, yo quedo bien, yo soy bien visto y apreciado o me desespero. Ahí no hay lugar para Dios ya que todo está lleno de mí mismo ¿Me desespero fácilmente?

✠ *¿Qué puedo aprender de este pasaje?*

Día 2: Juicio de Jesús ante Pilato (27:11-26)

Los líderes religiosos que habían acusado a Jesús como blasfemo porque se había llamado a sí mismo Hijo de Dios, no tenían el poder de sentenciarlo a muerte, por lo cual le llevaron ante las autoridades romanas para que lo juzgaran y ejecutaran. Así es como Pilato, un gobernador político y no religioso, entra en escena. Solo los romanos, que en la época de Jesús dominaban esa parte del mundo, tenían la autoridad para condenar a muerte a alguien.

Jesús fue presentado ante Pilato, quien le preguntó si Él era el rey de los judíos. Autoproclamarse rey era una ofensa y una amenaza contra el orden político establecido. En la mente de un romano, el que un judío se declarase rey era una clara afrenta y un crimen digno de la pena de muerte. Pilato hizo todo lo posible por no condenar a Jesús. Trató de conseguir que se le otorgase la libertad, utilizando la costumbre de liberar a un preso durante la Pascua. Trató de "suavizarles el corazón" mandando azotar cruelmente a Jesús.

Mientras tanto, la esposa de Pilato que había tenido un sueño acerca de Jesús, le advirtió que el acusado era "un hombre inocente". Al igual que en los primeros capítulos del Evangelio supimos a través de un sueño cuál era el origen de Jesús, así también al final sabemos por otro sueño que es inocente.

Lectio divina

Dedica entre 8 y 10 minutos a la contemplación silenciosa del pasaje. Ten presentes estas ideas:

¿Por qué la gente quiere la libertad de Barrabás en lugar de la de Jesús? Parece increíble que en menos de una semana las cosas hayan cambiado tanto. Unos cuantos días antes, la multitud había saludado a Jesús a su entrada en

Jerusalén con palmas y aleluyas; ahora lo condenaba a muerte. ¿Por qué es tan voluble el corazón humano?

✠ *¿Qué puedo aprender de este pasaje?*

Día 3: La pasión de Jesús (27:27-44)

Coronado de espinas a manera de burla, cargado con la cruz como cualquier criminal condenado a muerte por los romanos, llevado por las calles con la cruz a cuestas, así Jesús inició su caminar hacia el lugar de la ejecución. Los soldados romanos obligaron a un hombre venido de lejos, desde Cirene en el norte de África, llamado Simón, a ayudar a Jesús.

El lugar donde Jesús fue crucificado estaba en una colina a las afueras de Jerusalén conocido como Gólgota (palabra aramea que significa "calavera"). Después de crucificarlo, se repartieron sus ropas, ya que legalmente un condenado a la cruz perdía todas sus prerrogativas, entre ellas el derecho a tener posesiones. El letrero sobre su cabeza anunciaba públicamente que era "El Rey de los Judíos", mientras que para las autoridades religiosas, Jesús era únicamente un hombre que pretendía ser rey, pues ellos esperaban la llegada de un rey que los liberara de la tiranía y dominación extranjera. Dos delincuentes fueron ejecutados a su lado. Los que pasaban se burlaban moviendo la cabeza, incitándolo a salvarse a sí mismo haciendo uso de sus poderes milagrosos. Esto nos recuerda cómo Jesús al inicio de su ministerio en el desierto no cedió a la tentación de usar sus poderes para su propia gloria. En la cruz tampoco lo hace.

Lectio divina

Dedica de 8 a 10 minutos a contemplar en silencio el pasaje, teniendo en cuenta estas ideas:

Muchos seguidores de Jesús tenían la esperanza de que él fuera el rey mesiánico tan esperado, que había sido prometido por el profeta Natán al Rey David (2 Sm 7). Jesús vino a conquistar los corazones y las almas, su victoria era sobre el poder del pecado, sobre Satanás. Su victoria se llevó a cabo a través de su muerte en la cruz y su resurrección. Jesús cambió su trono a la diestra de Dios Padre por una cruz de escándalo para colocarnos nuevamente como hijos e hijas adoptivos de Dios.

✠ *¿Qué puedo aprender de este pasaje?*

Día 4: La muerte de Jesús (27:45-56)

La tierra se cubrió de tinieblas y Jesús exclamó un versículo del Salmo 22: "Dios mío, Dios mío, ¿por qué me has abandonado?". Palabras que muestran el dolor y la desesperación de Jesús, pero también descubren la esperanza del rescate, tal como se encuentra expresado al final del Salmo. El vinagre que le dieron era una mezcla destinada a aliviar un poco su dolor.

Al entregar Jesús su espíritu, se desató el caos en la tierra. El velo del Templo se rasgó en dos, dejando descubierto a todo el mundo aquello que cubría: el Santo de los Santos. Era un símbolo de que la Antigua Alianza había terminado. El centurión romano y sus hombres, como representantes de los gentiles, declararon: "¡Verdaderamente, este era Hijo de Dios!".

Lectio divina

Dedica de 8 a 10 minutos a contemplar en silencio el pasaje. Recuerda las palabra de un antiguo himno: "¡Salve, oh Cruz!, esperanza única".

✠ *¿Qué puedo aprender de este pasaje?*

Día 5: El entierro de Jesús (27:57-66)

Varias personas intervienen en el entierro de Jesús: José de Arimatea, Pilato, María Magdalena y la otra María, los líderes religiosos. Estos últimos, recordando las palabras de Jesús de resucitar al tercer día, pidieron a Pilato que pusiera una guardia afuera, pues temían que los discípulos de Jesús se robaran el cuerpo y dijeran que había resucitado.

Lectio divina

Dedica entre 8 y 10 minutos a la contemplación silenciosa del pasaje, teniendo en cuenta estas ideas:

Todos estos "ires y venires" nos dan la certeza de que Jesús estaba realmente muerto y que muchas personas fueron testigos de su muerte.

✠ *¿Qué puedo aprender de este pasaje?*

Día 6: La resurrección de Jesús y el envío de los discípulos (28:1-20)

El domingo por la mañana, las mujeres fueron a la tumba, pensando que todo había terminado en tragedia. Pero el ángel les dio un mensaje esperanzador: "[Él] no está aquí, pues ha resucitado, como había anunciado" (28:6) y las animó a compartir la Buena Nueva con los demás discípulos. Ellas se debatían entre el temor y la alegría, y se convirtieron en las primeras en dar testimonio de que el Señor había resucitado. Fueron ellas las que anunciaron a los discípulos que el Señor los vería en Galilea.

¿La tumba que había sido sellada y cuidada por soldados se encontraba vacía? Este es un claro signo de la resurrección, de la victoria de Jesús sobre la muerte. Los soldados tuvieron que ser sobornados para que dijeran algo diferente a lo que realmente había sucedido.

Jesús en Galilea una vez más demostró su poder al decir que se le había dado "todo poder en el cielo y en la tierra" (28:18) y envió a los discípulos "a todas las gentes" (28:19) para que bautizaran, enseñaran y guardaran todo lo que les había mandado; termina haciéndoles una gran y tranquilizadora promesa: "estén seguros que yo estaré con ustedes día tras día, hasta el fin del mundo" (28:20).

Lectio divina

Dedica de 8 a 10 minutos a contemplar en silencio el pasaje, teniendo en cuenta lo siguiente:

San Pablo nos dice en 1 Corintios 15:14 que si Jesús no hubiese resucitado, vana sería nuestra fe, es decir nuestra fe sería vacía, hueca, pues si Él no resucitó, nosotros tampoco resucitaremos. Solo Dios puede hacer semejantes prodigios. Si Jesús no hubiese resucitado de entre los muertos y no se hubiese aparecido a sus discípulos, nunca habríamos oído hablar de Él. Ninguna otra cosa podría haber cambiado a hombres y mujeres tristes y desesperados en personas alegres y valientes. La resurrección es el hecho central de nuestra fe.

✠ *¿Qué puedo aprender de este pasaje?*

Preguntas de reflexión

1. ¿Por qué el Sanedrín necesitaba que fuese Pilato quien condenase a muerte a Jesús?
2. ¿Por qué quiere Pilato salvar a Jesús?
3. ¿Qué ocurrió cuando Jesús murió?
4. ¿Qué ocurrió cuando Jesús resucitó?

El Evangelio de Marcos

Introducción al Evangelio de Marcos

Sabemos que la Biblia es la Palabra de Dios, sin embargo, es importante comprender que esta no es una simple colección de libros que nos hablan de Dios. Es mucho más que eso. Conforme vayamos estudiando y comprendiéndola más a fondo, entenderemos que no son historias aisladas del pasado, sino que nos hablan también de la relación que los hombres y las mujeres de este tiempo podemos tener con Dios. Veremos en esas historias nuestras propias historias, la historia de nuestra relación con Dios.

Ahora nos toca profundizar en el Evangelio de Marcos. Para poderlo hacer, es necesario tener claro que aunque son cuatro los Evangelios, cada uno nos presenta un retrato ligeramente distinto de Jesús, de su misión y de sus enseñanzas. Cada uno es diferente en estilo, en número de palabras y en acentos. Pero todos persiguen el mismo fin: proclamar la Buena Nueva de Jesucristo.

¿Por qué Marcos escribió su Evangelio?

Al poco tiempo de la ascensión a los cielos de Jesús y de la venida del Espíritu Santo en Pentecostés, los miembros de la Iglesia comenzaron a difundir el mensaje de Jesús. Tan entusiasmados estaban, que viajaban a lugares remotos para difundir el mensaje de salvación. No siempre fueron bien recibidos. En algunos lugares fueron perseguidos y asesinados por hablar de Cristo y rechazar a los dioses de los pueblos que visitaban.

Los romanos desconfiaban de estos seguidores de Cristo que se negaban a enlistarse en el ejército, a adorar a los dioses romanos, y sobre todo al emperador. Dos grandes apóstoles, Pedro y Pablo, murieron en Roma alrededor del año 64, poco antes de que Marcos escribiera su Evangelio. Muchos otros mártires se unieron a Pedro y a Pablo, aceptando la muerte antes que renegar de Cristo. Desafortunadamente, como suele suceder durante los periodos de persecución, muchas personas abandonaron la fe en Jesús para no perder la vida.

Marcos escribe su Evangelio en medio de esta conmoción. Quiere alentar e instruir a los seguidores de Jesús, ya que algunos se preguntaban el porqué de todos esos sufrimientos. Marcos, con su Evangelio, enseña que el sufrimiento forma parte del camino del discipulado, ya que si Jesús sufrió por motivo del Reino, sus seguidores también sufrirán. El llamado a seguir de cerca a Jesús, es un llamado a imitar a Jesús en todo, incluso en su sufrimiento.

"Si alguno quiere venir en pos de mí, niéguese a sí mismo, tome su cruz y sígame" (8:34). Marcos nos anima a mantener los ojos fijos en Cristo, ser humano perfecto que sufrió y murió por nosotros. Solo así llegaremos a comprender el valor del sufrimiento.

Marcos comprendió que las palabras y el ejemplo que dejó Jesús eran un tesoro para todas las generaciones. Los discípulos que habían conocido a Jesús ya estaban haciéndose viejos y morían: si su testimonio no se ponía por escrito, se corría el riesgo de que se perdiera.

¿Cuándo se escribió el Evangelio de Marcos?

Los evangelistas no fecharon sus escritos. Por eso hay que ir al texto mismo para tratar de encontrar pistas que nos hablen sobre la fecha de su composición. En el caso de Marcos, este Evangelio hace referencia a la profanación del Templo (13:14), hecho que tuvo lugar durante el sitio de Jerusalén, el cual duró del año 66 al 70; pero no demuestra tener conocimiento de la destrucción de Jerusalén en el año 70, cosa que sí sabían Mateo y Lucas. Por tanto, los estudiosos sitúan la redacción del Evangelio de Marcos entre los años 66 y 70. Si esto es correcto, entonces podemos afirmar que es el Evangelio que se escribió primero. Mateo y Lucas, que escribieron alrededor del año 85, tuvieron oportunidad de utilizar el texto de Marcos como documento base para su propio Evangelio.

Antes de que Marcos se diera a la tarea de escribir sobre Jesús, sobre sus hechos, sus palabras y su mensaje de salvación, la predicación consistía en la transmisión oral del mensaje. Marcos puso por escrito el mensaje que recibió de otros discípulos. Este Evangelio es un reflejo de la manera en que una comunidad de cristianos vivía el mensaje de Jesús después de la resurrección. Marcos recibió un mensaje teológico acerca de Jesús y puso a los dichos y hechos de Jesús una secuencia histórica.

Características del Evangelio de Marcos

El Evangelio de Marcos es el más corto de los cuatro y, como dijimos antes, parece ser el más antiguo. Tanto Lucas como Mateo utilizaron mucho del texto de Marcos para escribir sus propios Evangelios. Marcos comienza su relato con el ministerio público de Jesús y la misión de Juan Bautista, mientras que Mateo y Lucas comienzan sus narraciones con los acontecimientos que rodearon el nacimiento e infancia de Jesús.

Marcos inicia su Evangelio aclarando la identidad de Jesús. La primera frase de su relato proclama que Jesús es "el Cristo, el Hijo de Dios" (1:1). Comienza su narración subrayando que Jesús no era solo un hombre bueno y dispuesto a ayudar a los demás, que andaba por Galilea y Judea (1:22), sino que era algo muy superior, era hijo de Dios.

Muestra tanto la divinidad de Jesús como su humanidad. Sobre su humanidad nos dice que Jesús era: "el carpintero" (6:3); nos habla de sus sentimientos: "se llenó de compasión" (6:34); "suspiró" (7:34 y 8:12); al joven rico "lo miró con cariño" (10:21); cuando le presentan a niños para que los tome en su brazos, lo hace de manera cariñosa: "abrazaba a los niños y los bendecía poniendo las manos sobre ellos" (10:16); y sobre su divinidad nos dice que en el bautismo de Jesús: "se oyó una voz que venía de los cielos: 'Tú eres mi Hijo amado, en ti me complazco'" (1:11); en la transfiguración, una voz salió de la nube que decía: "Este es mi Hijo querido. Escúchenlo" (9:7); y al final de su vida, el centurión que estaba frente a la cruz exclamó: "Verdaderamente este hombre era hijo de Dios" (15:39).

Su manera de decir las cosas es directa, podría parecer incluso dura como en el caso de sus parientes que fueron a buscarlo para llevárselo porque decían que: "estaba fuera de sí" (3:21).

Este es un Evangelio didáctico. Hace uso de repeticiones, resúmenes, recapitulaciones y variaciones sobre un mismo tema. Las palabras "inmediatamente", "enseguida", "muy de madrugada" son utilizadas con frecuencia, denotando la urgencia de Jesús por entregar su mensaje: "Inmediatamente el Espíritu le impulsó al desierto" (1:12); "Inmediatamente los llamó" (1:20); "Al poco de llegar a Cafarnaún, entró el sábado en la sinagoga y se puso a enseñar" (1:21); "Saliendo de allí, se dirigió a su ciudad" (6:1); "Enseguida obligó a sus discípulos que embarcaran" (6:45); "Jesús emprendió el viaje" (8:27); "se encaminaron al territorio de Judea" (10:1); "Al día siguiente, cuando salían de Betania" (11:12).

Jesús en el Evangelio de Marcos esta siempre de camino, enseñando, curando. Esto parece ser un recurso literario-didáctico para hacer énfasis en la urgencia de la tarea y la misión de Jesús.

El secreto mesiánico

Marcos escribió como un seguidor de Cristo que ya conocía el final de la historia. Escribe también para un público que conocía el griego, ya que desde el inicio se refiere a Jesús con el título griego de Cristo (el Ungido, esto es, el Mesías). Narra cómo, cuando Jesús echaba fuera demonios, estos lo identificaban como el Mesías, y Jesús ordenaba que no se lo dijeran a nadie: "Jesús curó a muchos que se encontraban mal de diversas enfermedades y expulsó muchos demonios. Pero no dejaba hablar a los demonios, pues le conocían" (1:34). Cuando Jesús curaba a alguien, le pedía que no dijese nada a nadie. Es de resaltarse esa diferencia entre la manera en que Jesús se impone a los demonios y en la que se dirige a hombres y mujeres, quienes, en su libertad difundieron la noticia de los milagros de Jesús.

Este esfuerzo de Jesús por mantener en secreto su identidad es conocido por los eruditos como el "secreto mesiánico", que se encuentra de manera especial en el Evangelio de Marcos. La pregunta es: ¿por qué querría Jesús mantener su identidad oculta? Muchos eruditos han tratado de responder sugiriendo que el pueblo judío estaba a la espera de un Mesías más humano, que lo liberara del dominio romano. Esa no era la misión de Jesús. Si las autoridades romanas comenzaban a pensar que Jesús, como Mesías, tenía pensado arrebatarles el poder, estas se pondrían en guardia y le impedirían hablar libremente.

En su Evangelio Marcos dice que Jesús se convirtió en el Cristo gracias a su resurrección, cuando venció a la muerte y trajo la salvación espiritual a todas las personas.

Jesús, el Hijo de Dios

Lo primero que nos dice Marcos es que Jesús es el Hijo de Dios. A lo largo del Evangelio, Jesús realiza milagros que solo Dios puede hacer como caminar sobre las aguas, calmar tempestades y perdonar los pecados; a todo esto se añade el gran poder que tenía sobre los demonios.

¿Qué significa ser su discípulo?

Marcos, al ser el evangelista que escribió más cerca del tiempo en que Jesús vivió, no tiene ninguna dificultad en presentar a los discípulos como seres humanos normales, con cualidades y defectos. No comprenden a Jesús y lo abandonan durante su pasión. En los Evangelios compuestos posteriormente los discípulos, aunque todavía presentan características típicamente humanas, son tratados con mayor consideración.

El verdadero discípulo es aquel que sigue el ejemplo de Jesús, que sufre y acepta de buen grado la muerte por causa del Reino. Los discípulos no deben buscar la gloria de este mundo, sino tomar su propia cruz y seguir al Maestro. Una recompensa eterna espera a aquellos que permanecen fieles.

Nota importante: Dado que Mateo utilizó a Marcos como fuente para su Evangelio, en las siguientes cuatro lecciones estudiaremos aquellos hechos o discursos que no aparecen en el Evangelio de Mateo; algunos pasajes se repetirán por presentarse en este Evangelio con algún matiz significativo.

El ministerio público de Jesús y el Reino de Dios

MARCOS 1-4

En cuanto salió del agua, vio que los cielos se rasgaban y que el Espíritu, en forma de paloma, bajaba sobre él. Entonces se oyó una voz que venía de los cielos: "Tú eres mi Hijo amado; en ti me complazco" (Mc 1:10-11).

Oración inicial: *(Ver página 15)*

Contexto

Parte 1, Marcos 1-2: El Evangelio de Marcos inicia afirmando que Jesús es el Cristo, el Hijo de Dios. Juan Bautista viene a preparar el camino del Señor como lo habían predicho los profetas. Juan afirma que Jesús es más grande que él, ya que Él bautizará con Espíritu Santo. Cuando Jesús salió del agua, el Espíritu se posó sobre él en forma de paloma y se oyó una voz del cielo diciendo que Jesús es el Hijo amado de Dios. El Espíritu lo llevó al desierto, donde permaneció cuarenta días y fue tentado por Satanás. Jesús anunció que el Reino de Dios ya había comenzado e inició la preparación predicando con autoridad, eligiendo a sus discípulos y arrojando demonios, quienes trataban de revelar su verdadera identidad; pero Jesús les mandaba callar porque no había llegado aún su tiempo.

Parte 2, Marcos 3-4: Las multitudes seguían a Jesús, el cual eligió a doce apóstoles a quienes mandó a predicar, dándoles autoridad para arrojar demonios. Fue acusado por los escribas de arrojar demonios con el poder del jefe de los demonios. Enseñaba por medio de parábolas.

PARTE 1: ESTUDIO EN GRUPO (MC 1-2)

Leer en voz alta Marcos 1-2

Jesús el Cristo, el Hijo de Dios (1:1)

Marcos, al igual que los otros evangelistas, conoce el final de la historia: Jesús murió y resucitó de entre los muertos. Sabe que es el Cristo, es decir el Mesías esperado por el pueblo judío y además, el Hijo de Dios. Marcos llamó a su mensaje la Buena Nueva de Jesucristo. Cuando nos damos cuenta de todo el sufrimiento por el que pasó Jesús, no podemos menos que preguntarnos: ¿por qué llamarle Buena Nueva? La respuesta está en la resurrección. Esta narración no solo abarca la vida y el mensaje de Jesús, sino también el resultado de esta: su resurrección, la cual se traduce en nuestra salvación.

Este es el mensaje clave para aquella comunidad a la que Marcos dirigía su Evangelio. Esa comunidad estaba siendo perseguida por permanecer fiel a Jesús. Marcos quiere que vean su sufrimiento como una Buena Nueva, que se identifiquen con Cristo, cuyo sufrimiento se convirtió en salvación para toda la humanidad. Lo mismo sucedería en el caso de los cristianos: su sufrimiento se traduciría también en salvación para los demás cristianos y los llevará a ellos mismos a la gloria. El llamado a ser seguidor de Jesús, o sea su discípulo, es parte central del Evangelio de Marcos, quien cita a Jesús diciendo que el verdadero discípulo se niega a sí mismo, toma su cruz y lo sigue (8:34).

La predicación de Juan Bautista (1:2-8)

"Voy a enviar a mi mensajero a allanar el camino delante de mí" (Mal 3:1). El tiempo mesiánico se acercaba, la voz del mensajero se escuchaba. Juan Bautista tenía una misión específica: llevar a otros a Jesús y al advenimiento de su Reino. Rompió el silencio profético de los siglos anteriores, cuando se presentó en el desierto predicando el bautismo de arrepentimiento para el perdón de los pecados del pueblo de Israel. Su mensaje era similar al mensaje de los profetas del Antiguo Testamento, quienes reprendían al pueblo por su infidelidad a Dios. Juan buscaba despertar un verdadero arrepentimiento en ellos para que así pudiesen reconocer y recibir al Mesías.

Juan vivía austeramente en el desierto, posiblemente como miembro de un grupo denominado los esenios, quienes se habían retirado al desierto cerca del Mar Muerto, en espera de la llegada del Mesías, viviendo una vida de oración y sacrificio. Predicaba en el desierto, un sitio que guardaba un significado especial para el pueblo judío, pues había pasado 40 años en él hasta su llegada a la Tierra Prometida. En el desierto Moisés recibió de Dios la Ley. Se consideraba también el lugar donde vivían los demonios. Eso explica por qué Jesús fue tentado ahí.

Marcos deja claro en su Evangelio que Jesús era mayor que Juan, quien dijo refiriéndose a Jesús: "Detrás de mí viene uno que es más fuerte que yo; y no soy digno de inclinarme y desatarle la correa de sus sandalias" (1:7). En las casas judías, la tarea de desatar a los invitados las sandalias quedaba relegada a los esclavos.

El bautismo de Juan era un llamado al arrepentimiento, no era un bautismo sacramental, sino de compromiso. Aquellos que aceptaban el llamado a la contrición hecho por Juan, públicamente lo avalaban dejando que Juan los bautizara. Era un signo visible de un cambio interno de vida. Por su parte, el bautismo de Jesús era en el Espíritu Santo.

El bautismo de Jesús (1:9-11)

La historia del Evangelio es la historia del amor de Dios a todas las personas. Nos cuenta cómo Jesús, el que nunca había pecado, se sometió al bautismo de Juan. Su bautismo fue el comienzo y la aceptación de su misión Así se sometió por completo a la voluntad del Padre.

El Padre manifestó su satisfacción por su Hijo cuando se escuchó una voz desde el cielo. El Espíritu Santo también estuvo presente cuando ungió a Jesús para su misión de acuerdo con lo dicho por el profeta: "Éste es mi siervo a quien yo sostengo, mi elegido en quien me complazco" (Is 42:1).

En este pasaje está presente la imagen de la Trinidad. La voz del cielo es la del Padre, el hijo amado, es Dios Hijo y el Espíritu Santo es quien desciende. Llevó varios siglos a la naciente Iglesia formular el concepto de la Trinidad.

Jesús inicia su ministerio en Galilea y llama a sus primeros discípulos (1:14-20)

Después de que Jesús fue bautizado y ungido por el Espíritu, comenzó su ministerio, la predicación del Evangelio, la Buena Noticia de que el Reino de Dios estaba ya al alcance de todos los que quisieran recibirlo. Al ser el establecimiento del Reino de Dios el fin de la misión de Jesús, todos sus trabajos, palabras y acciones estuvieron encaminados a ese fin: "Se ha cumplido el tiempo y está cerca el Reino de Dios. Arrepiéntanse y crean en la Buena Noticia" (1:15).

Jesús se dirigió a Galilea, donde llamó a sus primeros discípulos y les dio la misión de ser pescadores de hombres, es decir, les invitó a ser puentes de unión entre él y las almas, para que comprendiesen la grandeza del Reino de Dios. Para esta misión eligió a pescadores, seres comunes con ocupaciones ordinarias. No tenían educación especial, no tenían riqueza o posición relevante en la sociedad. Los eligió no por lo que eran, sino por lo que podían llegar a ser bajo el influjo del Espíritu Santo.

Marcos nos dice que estos hombres dejaron todo: redes, trabajo, familia para seguir a Jesús "inmediatamente". Prontitud y totalidad en el seguimiento es lo que caracterizó a aquellos a quienes Jesús llamó. Marcos nos enseña que, a diferencia de la costumbre de la época, en la que los discípulos elegían a su maestro, en el caso de Jesús, Él fue quien los eligió. Los cristianos que pasan por momentos de dificultad, sufrimientos e incluso la muerte por ser fieles a Jesús, pueden encontrar vigor en esta gran verdad: es Jesús quien nos eligió. Muchos mártires de la naciente Iglesia hallaban en esta verdad una gran fortaleza.

Jesús cura a un hombre poseído por demonios (1:21-28)

Marcos nos presenta un día típico en la vida de Jesús en el que enseñaba, sanaba y se enfrentaba a espíritus malignos. Se encontraba en Cafarnaúm, ciudad que utilizó como base durante todo su ministerio. El sábado fue a la Sinagoga donde empezó a enseñar con autoridad. Cuando los rabinos enseñaban, apoyaban sus afirmaciones con citas tomadas de la Escritura o de otros rabinos; en cambio, Jesús no necesitaba ninguna autoridad para respaldar sus afirmaciones porque cuando hablaba, era Dios quien hablaba. Y cuando mandaba, hasta los demonios le obedecían.

En la sinagoga había un hombre poseído por un espíritu inmundo. Jesús mandó al espíritu que callase y saliera del hombre. Esta es la primera de muchas ocasiones en que encontramos en el Evangelio de Marcos el antes mencionado "secreto mesiánico". Jesús es más poderoso que el espíritu inmundo, por eso este le obedece. El poder que tiene sobre los demonios demuestra que el Reino de Dios ya ha comenzado.

Oración y misión de Jesús (1:35-39)

Muy de madrugada, cuando aún estaba obscuro, Jesús se dirige a un lugar solitario para orar. Los discípulos emocionados de la fama recientemente adquirida por su amigo Jesús, le buscan y declaran entusiasmados que todo el mundo lo está buscando. Jesús se da cuenta de que se está malinterpretando el significado de sus milagros. Los milagros no son trucos de publicidad para adquirir más seguidores; la finalidad de los milagros es dirigir la atención a las enseñanzas de Jesús que van de la mano con la manera en que Él vive.

En esta ocasión enseña con su propio ejemplo, con su estilo de vida, a los discípulos a pasar largos ratos en oración. Esta es una de las exigencias del discipulado, ya que la oración es la que mantiene a Jesús y a sus discípulos centrados en su misión. En la oración se encuentra la fuerza y la luz de Dios.

Jesús sana a un leproso (1:40-45)

Todos aquellos que buscaron ayuda en Jesús, la encontraron. Jesús nunca le negó su ayuda a nadie, incluidos los leprosos que eran considerados como intocables. La gente de la época de Jesús huía al ver a un leproso o a cualquier persona con una severa enfermedad de la piel, pues estas generalmente se interpretaban como lepra. De acuerdo con la ley judía, un leproso no podía convivir con la comunidad.

Jesús lo curó tocándolo y, como buen judío que era, le dijo que se presentara al sacerdote para que este lo declarase limpio, siguiendo así la ley de Moisés. Además, le pidió que no dijese nada sobre su curación. Sin embargo, este hombre empezó a proclamar lo que Jesús había hecho por él y, como es natural, la fama de Jesús se extendía por toda la región.

Jesús sana a un paralítico (2:1-12)

De Marcos 2:1 a 3:6, el evangelista presenta cinco historias para mostrar la creciente hostilidad de los líderes religiosos hacia Jesús. Estas historias sobre los conflictos que tuvo que enfrentar Jesús eran contadas en la Iglesia naciente para mostrar la capacidad que Jesús tenía para comprender la situación y darle una respuesta adecuada. En cada historia se sigue el mismo patrón: se presenta una situación; enfrentamiento y oposición a Jesús; Jesús responde a la protesta.

La forma en que Jesús trataba a los pecadores molestaba a los maestros de la Ley o escribas. Un paralítico fue presentado a Jesús gracias a la gran fe de sus amigos, que hicieron cuanto estuvo en su mano para que Jesús lo pudiera ver. Bajaron la camilla del lisiado desde el techo de la habitación donde se encontraba el Maestro. Él hizo algo inaudito: le perdonó sus pecados. Los escribas ahí presentes consideraron esto como una blasfemia, ya que solo Dios tenía autoridad para perdonar los pecados.

Llama a Leví y comparte la mesa con pecadores (2:13-17)

Al ir viajando Jesús por la orilla del lago de Galilea, ocurre la segunda historia en la que Jesús se ve involucrado en un conflicto. Sucede cuando llama a Leví, un recaudador de impuestos, a ser uno de sus discípulos. Ser recaudador de impuestos era una de las profesiones más despreciadas por el pueblo judío, ya que estas personas cobraban impuestos para los romanos, que en ese momento dominaban Palestina. En otras palabras, trabajaban para el enemigo.

Compartir la mesa era un signo muy importante en la época de Jesús, pues solo se hacía con gente con la que había una gran amistad. Que Jesús compartiera la mesa con cobradores de impuestos y pecadores, sorprendió la sensibilidad de los fariseos quienes estaban más preocupados con su propia práctica de la religión que de las personas que necesitaban ayuda. Evitaban estar en su compañía, hacer negocios con ellos y, por supuesto, compartir la mesa.

Jesús se da cuenta del conflicto y aclara la situación afirmando que su misión es salir al encuentro de los pecadores. Por ello dice: "no he venido a llamar a justos, sino a pecadores" (2:17).

El ayuno (2:18-22)

Es la tercera historia en la que Jesús se ve involucrado en un conflicto. Esta vez el problema es que los discípulos de Jesús no ayunaron un día en que se suponía debían hacerlo. Otra vez los fariseos van a reclamar a Jesús.

El ayuno, la oración y la limosna eran los tres deberes religiosos más importantes de un judío. Ante este nuevo conflicto, Jesús dio una explicación simple: hay tiempo para ayunar y tiempo para festejar. Mientras Jesús esté en medio de sus discípulos es tiempo para regocijarse y festejar por que están viviendo el periodo de la Buena Nueva de Jesús, el Cristo. Pero llegará el día en que "les será quitado" y entonces vendrá el tiempo de ayunar.

Marcos quiere dejar claro que la nueva ley que Cristo nos trajo no puede amoldarse a la antigua ley de Moisés. Para ejemplificarlo Marcos presenta a Jesús hablando sobre dos imágenes que les eran familiares a quienes lo escuchaban. Primero, habla de un pedazo de tela nueva para remendar un vestido viejo y después habla de odres nuevos y odres viejos. En tiempos de Jesús, el vino se almacenaba en odres. El vino nuevo era vertido en odres nuevos, ya que eran lo suficientemente elásticos como para soportar la presión; los odres viejos se reventarían con facilidad.

Los discípulos y el sábado (2:23-28)

Los líderes religiosos se enfrentaron a Jesús, en esta ocasión por un conflicto sobre el sábado. Esta es la cuarta ocasión en que Jesús se ve involucrado en un conflicto, esta vez porque los discípulos arrancaron espigas de trigo en sábado. El problema no estaba en que las hubiesen arrancado, sino en que lo hubiesen hecho en sábado, el día dedicado a Dios. Era un día dedicado a alabarlo por su Creación y por sus acciones salvadoras en favor de los hombres.

Jesús salió a la defensa de sus discípulos echando mano de las Escrituras. Estas afirman que la necesidad humana tiene prioridad sobre la costumbre ritual. Cuando David y sus hombres huían buscando salvar sus vidas, encontraron el pan sagrado ofrecido en la Casa de Dios, el cual nadie, excepto los sacerdotes, podía comer. Era tal su hambre que David y sus hombres comieron ese pan (1 Sm 21:1-6).

Jesús recordó a los fariseos que el sábado fue dado para nuestro beneficio, para que renováramos nuestra vida en Dios. El sábado fue hecho para el hombre y no el hombre para el sábado. Jesús afirma que Él es Señor del sábado, confirmando con ello su autoridad divina.

Preguntas de reflexión

1. ¿Qué quiso decir Jesús cuando dijo a la gente "el Reino de Dios ya está aquí"?
2. Da un ejemplo de cómo Jesús usó el secreto mesiánico.
3. Por qué es importante para Jesús la oración?
4. ¿Qué lección sobre la oración podemos encontrar en la curación del leproso?
5. ¿Qué has aprendido hasta ahora acerca de cómo deben ser los discípulos de Jesús?
6. ¿Por qué los escribas ven a Jesús como blasfemo cuando perdona los pecados?
7. ¿Por qué los fariseos se molestaron con Jesús cuando comió con los publicanos y los pecadores? ¿Cómo respondió Jesús?
8. ¿Quién era Leví?
9. ¿Qué razón dio Jesús de por qué no ayunaban sus discípulos?
10. ¿Por qué se molestaron los fariseos cuando los discípulos recogieran espigas de trigo en sábado?, ¿cómo respondió Jesús a esa queja?

Oración final: *(Ver página 15)*

Hacer la oración final ahora o después de la *Lectio divina*.

Lectio divina: *(Ver página 8)*

Relaja tu cuerpo y mantén una postura de oración (sentado, ojos cerrados, ambos pies en el piso). Este ejercicio puede tomar el tiempo que sea necesario. En el contexto de este estudio de Biblia, de diez a veinte minutos son suficientes. El propósito de la *Lectio divina* es ayudarte a entrar en la dinámica de la oración y contemplación de la Palabra de Dios, que puedas entablar un diálogo con Dios en lo más íntimo de tu corazón. Ve la página 8 para más instrucciones.

Jesús, el Cristo, el Hijo de Dios (1:1)

Dedica de 8 a 10 minutos a contemplar en silencio el pasaje teniendo en cuenta estas ideas:

Nosotros ahora creemos que Jesús es el Mesías, el Hijo de Dios. Nuestro reto es diferente al de aquellos primeros cristianos. Lo creemos, pero al mismo tiempo seguimos tratando de comprender esta verdad tan maravillosa.

✠ *¿Qué puedo aprender de este pasaje?*

La predicación de Juan Bautista (1:2-8)

Dedica de 8 a 10 minutos a contemplar en silencio el pasaje. Ten presentes estas ideas:

Los profetas hablaban por Dios, llamando la atención, animando, amonestando, corrigiendo, confortando al afligido y afligiendo a quien vivía sentado en su pereza, retándolo a enderezar su camino. Juan buscaba eso: que las personas enderezaran su camino para que, cuando llegara Jesús, fueran capaces de reconocerlo como Mesías. ¿Con mi forma de vivir, trabajar y hablar dirijo a otros a Cristo?

✠ *¿Qué puedo aprender de este pasaje?*

El bautismo de Jesús (1:9-11)

Dedica de 8 a 10 minutos a contemplar en silencio el pasaje tomando en cuenta estas reflexiones:

Del cielo se oyó la voz del Padre, el Espíritu Santo descendió, el Hijo fue bautizado. En nuestro bautismo el sacerdote invocó a estas tres personas de la Santísima Trinidad al decir: "Yo te bautizo en el nombre del Padre y del Hijo y del Espíritu Santo". Al hacerlo, el cielo se abrió también para cada uno de nosotros. Dios quiere que su amor y su verdad brillen a través de nosotros, que otros puedan ver la bondad y la verdad de su mensaje de salvación. Pidamos a Dios que nos llene de su Espíritu Santo para que podamos transmitir el gozo del Evangelio a los que nos rodean.

✠ *¿Qué puedo aprender de este pasaje?*

Jesús inicia su ministerio en Galilea y llama a sus primeros discípulos (1:14-20)

Dedica de 8 a 10 minutos a contemplar en silencio el pasaje. Considera lo siguiente:

Cuando el Señor nos llama a servir, no debemos pensar que no tenemos nada que ofrecer. El Señor toma lo que la gente común, como nosotros, puede ofrecer y lo utiliza para la grandeza de su Reino. ¿Crees que Dios quiere obrar a través de ti para su gloria?

✠ *¿Qué puedo aprender de este pasaje?*

Jesús cura a un hombre poseído por demonios (1:21-28)

Dedica de 8 a 10 minutos a contemplar en silencio el pasaje, teniendo en cuenta estas ideas:

El espíritu inmundo le había preguntado a Jesús: "¿Qué tienes contra nosotros Jesús de Nazaret?" (1:24). Conocían quién era Jesús, experimentaban su poder, estaban al tanto de Él, pero no le amaban. El amor es lo que hace la diferencia, porque el amor nos une al bien supremo que es Dios.

✠ *¿Qué puedo aprender de este pasaje?*

Oración y misión de Jesús (1:35-39)

Dedica de 8 a 10 minutos a contemplar en silencio el pasaje, considerando lo siguiente:

Jesús se levantó temprano en la mañana para orar y poder luego dedicarse de lleno a su misión. Su misión era compartir la Palabra de Dios. Cada uno de nosotros estamos invitados por Dios a cumplir una misión, para comprender cuál es, tenemos que darle a Dios tiempo cada día en la oración para que hable con nosotros. No oímos la voz de Dios, pero al terminar la oración nos quedamos con una idea más clara de lo que Él quiere de nosotros. La oración nos ayuda a centrarnos en la voluntad de Dios.

✠ *¿Qué puedo aprender de este pasaje?*

Jesús sana a un leproso (1:40-45)

Dedica de 8 a 10 minutos a contemplar en silencio el pasaje. Considera estas ideas:

El leproso hizo algo fuera de lo común: se acercó a Jesús con confianza y humildad, esperando que pudiese y quisiese curarlo. El pasaje nos da un mensaje acerca de la oración. A pesar de que la incapacidad física del hombre era evidente, este le pidió humildemente que lo limpiara diciéndole: "si quieres puedes limpiarme" (1:40), enseñándonos a nosotros a expresarle a Dios nuestras necesidades, aunque Él ya las conozca. También nos enseña que la repuesta a nuestra oración queda en manos de la voluntad de Dios.

✠ *¿Qué puedo aprender de este pasaje?*

Jesús sana a un paralítico (2:1-12)

Dedica de 8 a 10 minutos a contemplar en silencio el pasaje teniendo presentes estas ideas:

En la época de Jesús, se creía que la enfermedad mostraba que Dios no estaba contento con aquella persona; la salud, por el contrario, significaba la aprobación de Dios. Hoy en día, nuestra manera de entender la enfermedad es diferente. En la curación de este hombre paralítico Jesús no solo mostró que su autoridad viene de Dios, sino también el gran poder de su amor y misericordia redentores. Dios siempre está dispuesto a conceder la salud del alma y del cuerpo.

✠ *¿Qué puedo aprender de este pasaje?*

Jesús llama a Leví y comparte la mesa con pecadores (2:13-17)

Dedica de 8 a 10 minutos a contemplar en silencio el pasaje, considerando lo siguiente:

Nos encontramos en este Evangelio con una situación muy humana que se sigue dando hoy en día: la división entre personas de una misma comunidad. En estos conflictos, cada quien ve a la otra parte como impertinente e incluso como pecadora. Marcos nos presenta el ejemplo de Jesús quien comía con unos y otros. Un verdadero discípulo de Jesús pierde el derecho a condenar a otros.

✠ *¿Qué puedo aprender de este pasaje?*

El ayuno (2:18-22)

Dedica de 8 a 10 minutos a contemplar en silencio el pasaje. Considera lo siguiente:

Una mujer llenó su plato de comida en una boda. Su amiga le dijo: "Pensé que estabas a dieta". La mujer respondió: "Lo estoy, pero no quiero insultar a los novios en el día de su boda despreciando la comida que prepararon para sus invitados con tanto esmero". Cuando Jesús estaba entre sus discípulos era momento para celebrar, pues el tiempo para el ayuno vendría más tarde, es decir, nuestro tiempo. La Iglesia hoy en día reconoce el valor del ayuno como una forma de penitencia y oración. Nosotros no ayunamos por mera fidelidad a una antigua tradición o para hacer dieta, sino para ofrecer conscientemente un sacrificio a Dios.

✠ *¿Qué puedo aprender de este pasaje?*

Los discípulos y el sábado (2:23-28)

Dedica de 8 a 10 minutos a contemplar en silencio el pasaje, teniendo en cuenta estas ideas:

El mandamiento que nos pide santificar las fiestas tiene como propósito ayudarnos a hacer un alto en el camino para descansar y retomar fuerzas; también nos da un espacio para renovar y fortalecer nuestra relación con Dios. El día de descanso que tenemos cada semana es un regalo de Dios.

✠ *¿Qué puedo aprender de este pasaje?*

PARTE 2: ESTUDIO INDIVIDUAL (MC 3-4)

Día 1: Jesús sana en sábado (3:1-6)

La quinta y última historia en que Jesús entra en conflicto con los líderes religiosos se presenta cuando cura a un hombre que tenía la mano paralizada. El problema fue que lo curó en sábado, día dedicado al Señor, en donde se prohibía trabajar (Ex 20:8 y Dt 5:12). Los escribas y fariseos querían atrapar a Jesús quebrantando el mandato de santificar el sábado para acusarle de haber violado la ley de Dios.

Jesús les preguntó sobre la razón por la que Dios estableció el sábado, afirmando que busca hacer el bien que llevará a salvar una vida y no hacer el mal que llevaría a la destrucción de una vida. Ante esto, los líderes religiosos permanecieron callados y salieron de la sinagoga iniciado un complot con los seguidores de Herodes para ver cómo acabar con Jesús. Los líderes religiosos podían condenar a una persona, pero no tenían autoridad para matarla. Solo las autoridades romanas podían hacerlo.

Lectio divina

Dedica entre 8 y 10 minutos a la contemplación silenciosa del pasaje teniendo en cuenta estas reflexiones:

> Los cristianos celebramos el domingo como el día del Señor para conmemorar la nueva obra de la creación que se logró a través de la muerte y resurrección de Cristo. Esta es una forma de rendir honor a Dios por todo lo que ha hecho por nosotros. ¿Cómo celebro el domingo?
>
> ✠ *¿Qué puedo aprender de este pasaje?*

Día 2: Jesús establece una comunidad (3:7-19)

Este pasaje resume la actividad de Jesús. Una gran multitud lo buscaba, viniendo desde lugares lejanos. Los enfermos eran sanados, los espíritus inmundos lo reconocían como Hijo de Dios y Él les mandaba guardar silencio. La gran cantidad de personas que habían sido testigos de sus milagros, que habían escuchado sus enseñanzas serían en el futuro aquellos que llevarían a otros su mensaje después de la ascensión.

Jesús subió a la montaña y llamó a los que quiso. Recordemos que, en la historia de Israel, muchos de los grandes acontecimientos tuvieron lugar en las montañas. Ahí Dios visitaba a su pueblo y era considerado como un lugar de cercanía con Él. Fue en una montaña donde Jesús eligió a sus doce apóstoles, su "equipo de trabajo", su grupo cercano, quienes tomarían parte en su misión. Los apóstoles serían enviados a predicar y se les conferiría el poder de expulsar demonios.

La palabra "apóstol" significa "enviado", mientras que "discípulo" significa el que aprende, aprendiz. Doce son los elegidos para ser enviados. Más tarde, san Pablo dirá en su carta a los Gálatas que él también es apóstol: "Pablo, apóstol, no por designación de los hombres ni por mediación humana alguna, sino por Jesucristo y Dios Padre" (Gal 1:1). En su Evangelio, Marcos le da a Pedro el nombre de Simón y siempre aparecerá el primero en las listas de los Evangelios. Algo semejante sucede con el nombre de Judas Iscariote, al cual siempre lo acompaña la expresión: "el que lo traicionó" (2:19).

El número doce tenía un significado muy importante para el pueblo de Israel. Doce eran las tribus de Jacob, las cuales representaban al pueblo elegido. Al iniciar esta nueva época, la Nueva Alianza, Jesús eligió a doce compañeros a quienes formó personalmente para que en el futuro fuesen los líderes de la naciente comunidad, esto es, de la Iglesia.

Lectio divina

Dedica de 8 a 10 minutos a contemplar en silencio el pasaje. Considera lo siguiente:

Dondequiera que Jesús iba, la gente acudía a Él porque había oído las maravillas que hacía. Deseaban conocer a aquel que parecía ser capaz de curar todas sus aflicciones físicas, perdonar sus pecados y expulsar los demonios. Buscaban entrar en contacto con Jesús para quedar curados. La fe los animaba a recorrer largas distancias para tocarlo y ser sanados. Pide a Dios que aumente tu fe para que puedas entrar en contacto Él y ser así curado y salvado.

✠ *¿Qué puedo aprender de este pasaje?*

Día 3: Inquietud de los parientes de Jesús, el pecado contra el Espíritu Santo; la madre y los hermanos de Jesús (3:20-35)

El Evangelio de Marcos nos cuenta la reacción de los familiares de Jesús cuando fue a casa: "s   us parientes, al enterarse, fueron a hacerse cargo de él, pues pensaban que estaba fuera de sí" (3:21). Estaban molestos porque, sin duda, creían que Jesús se había vuelto loco ya que había dejado a un lado la profesión de carpintero heredada de su padre y la seguridad de su casa y familiares. Los suyos no lo entendían. Por esta misma situación estaban pasando los miembros de la naciente Iglesia: los familiares de los primeros cristianos también los tachaban de locos por haberse convertido.

Los escribas o letrados de Jerusalén, cuna oficial del Judaísmo, trataban de convencer a la gente de que Jesús estaba poseído por Belcebú, jefe de los demonios (2 Re 1:3). Jesús les hace una reflexión muy sencilla: "¿Cómo puede Satanás expulsar a Satanás? Si un reino está dividido contra sí mismo, ese reino no podrá subsistir. Si una casa está dividida contra sí misma, esa casa no podrá subsistir; y si Satanás se alza contra sí mismo, quedará dividido y no podrá subsistir; habrá llegado su fin". (3:23-26). Y añadió: "Les aseguro que a los hombres se les pueden perdonar todos los pecados y las blasfemias que pronuncien. Pero el que blasfeme contra el Espíritu jamás tendrá perdón; será culpable para siempre" (2:28-29). Blasfemar contra el Espíritu Santo equivale a no aceptar la acción de Dios. Si no se cree que Dios puede perdonar nuestros pecados, entonces estos no quedarán perdonados.

Marcos nos dice que la "madre" y los "hermanos" de Jesús llegaron a verlo. Hay que tener en cuenta que en la época y en la cultura donde nació Jesús, a los parientes cercanos se les llamaba "hermanos" y "hermanas". Era una sociedad creada con el esquema de las tribus, donde el parentesco era de gran importancia para forjar la propia identidad. Jesús no rechazó a los suyos, sino que utilizó la imagen de su familia para hacer hincapié en la importancia de hacer la voluntad de Dios. Nuestra condición de hijos adoptivos de Dios transforma todas nuestras relaciones y requiere un nuevo orden en lealtad a Dios.

Lectio divina

Dedica de 8 a 10 minutos a contemplar en silencio el pasaje, teniendo en cuenta estas reflexiones:

Por un lado las multitudes lo buscaban y por otro lado los suyos lo sujetaban. La oposición más dura al trabajo apostólico de Jesús venía de alguien cercano. Lo mismo nos puede suceder a nosotros: la oposición más dura a nuestro camino de fe puede venir de aquellos más cercanos a nosotros, incluyendo a nuestra propia familia. Jesús hizo frente a esta oposición con determinación, pues para Él lo primero era cumplir la voluntad de su Padre. ¿Y para ti qué es lo primero? ¿Estás listo para obedecer y seguir al Señor aunque otros se opongan?

✠ *¿Qué puedo aprender de este pasaje?*

Día 4: Parábola del sembrador y propósito de las parábolas (4:1-20)

Marcos presenta una serie de parábolas sobre el Reino de Dios. Jesús quería instruirlos por medio de las parábolas. En este caso, la parábola de un sembrador que salió a sembrar, se convierte en una maravillosa lección. En tiempos de Jesús, el sembrador tiraba la semilla al campo y esta caía en diferentes tipos de terrenos, los cuales le permitían o no echar raíces. Jesús habló de algunas semillas que cayeron donde no podían crecer: a la orilla del camino, en las rocas y entre espinas. Pero también habló de la semilla que cayó en buena tierra y que dio un cosecha de treinta, sesenta y ciento por uno. Un rendimiento asombroso que con seguridad despertó sonrisas burlonas entre los oyentes. Jesús concluyó con un: "El que tenga oídos para oír, que escuche" (4:9). Esa era su enseñanza: aquellos que tenían fe iban a ser capaces de entender su mensaje.

Después, a solas con los Doce, les explicó que el secreto del Reino de Dios se les comunicó a ellos porque tenían fe, pero que a los demás se les presentaba en parábolas, ya que por su falta de fe no podían entender todavía.

Jesús citó al profeta Isaías, quien fue enviado por Dios para advertir a la gente del final inminente, para hacer hincapié en la necesidad de la fe. Quienes no tienen fe "endurece(n) sus oídos y ciega(n) sus ojos, no sea que acabe(n) viendo y oyendo" (Is 6:10). Dios les permitió escuchar, pero sus mentes cerradas se negaban a entender lo que Jesús tenía que decir.

Lectio divina

Dedica de 8 a 10 minutos a contemplar en silencio el pasaje, teniendo en cuenta estas ideas:

No se trata solo de escuchar la Palabra de Dios, sino de aceptarla. De la manera en que la aceptemos dependerá el fruto que esta producirá en nuestras almas. La cerrazón, la indiferencia y las preocupaciones de la vida pueden hacer que oigamos, pero que no "escuchemos". Debemos escuchar con el fin de entender y seguir el camino que Dios nos muestra. Dios da la gracia necesaria a aquellos que quieren conocer, comprender, aceptar y vivir de acuerdo con su Palabra,

✠ *¿Qué puedo aprender de este pasaje?*

Día 5: Varias parábolas (4:21-33)

Jesús usó la imagen de una lámpara para describir cómo sus discípulos deben vivir en la luz de su verdad. Su misión es convertirse en portadores de la luz de Cristo para que otros puedan ver la verdad y grandeza de la Buena Noticia o Buena Nueva que Jesús, el Cristo e Hijo de Dios, nos vino a traer. No se enciende la luz de la fe para esconderla.

Cuesta trabajo entender la afirmación hecha por Jesús: "al que tiene se le dará, y al que no tiene se le quitará hasta lo que tiene" (4:25). Lo que tenemos que comprender es que se está refiriendo a la fe. Jesús les dijo a sus discípulos que dependerá de la profundidad con que vivan su fe el que esta crezca. Pero si no viven su fe, eventualmente perderán hasta la que tenían. La fe no se mantiene estable, o aumenta o disminuye.

Jesús sigue haciendo uso de la imagen de la semilla para explicar a sus oyentes la forma en que crece el Reino de Dios. Una vez que el sembrador coloca la semilla, es Dios quien la hace crecer. Esta parábola pudo haberla escogido Marcos para animar a los destinatarios de su Evangelio a ser pacientes ante la falta de crecimiento. La cosecha se deja en manos de Dios. Mientras tanto, deberían seguir plantando la semilla de la Palabra de Dios en el mundo.

Finalmente, la parábola de la semilla de mostaza nos enseña cómo el Reino de Dios inicia en los corazones de los hombres y mujeres que aceptan su Palabra provocando en ellos una transformación desde dentro. Dicho crecimiento puede llegar a ser tan grande que incluso podrá dar cobijo a otros.

Lectio divina

Dedica de 8 a 10 minutos a contemplar en silencio el pasaje. Ten en cuenta estas ideas:

El don de la fe, que es un regalo de Dios, comienza de manera pequeña. Al igual que el agricultor que riega y abona la tierra, nosotros podemos alimentar nuestra fe a través de nuestras acciones y oraciones. Y Dios la hará crecer.

✠ *¿Qué puedo aprender de este pasaje?*

Preguntas de reflexión

1. ¿Por qué tantas personas seguían a Jesús?
2. ¿Por qué llamamos a los apóstoles "los Doce" y cuál era su misión?
3. ¿Por qué los familiares de Jesús pensaban que se había vuelto loco?
4. ¿Cómo hizo frente Jesús a la acusación de que Él realizaba los milagros mediante el poder de Belcebú?
5. ¿Cuál es el mensaje de la parábola del sembrador?
6. ¿Qué nos enseña la parábola de la lámpara?
7. ¿Cuál es el mensaje de la parábola de la semilla de mostaza?

El poder de la fe

MARCOS 5-8

Tomó Jesús los cinco panes y los dos peces, y, levantando los ojos al cielo, pronunció la bendición, partió los panes y se los fue dando a los discípulos para que, a su vez, se los sirvieran a la gente. También repartió entre todos los dos peces. Comieron todos y se saciaron. (6:41-42)

Oración inicial: *(Ver página 15)*

Contexto

Parte 1, Marcos 5-7: Jesús volvió a su ciudad, Nazaret, en donde no hizo milagros debido a la falta de fe del pueblo. Llamó a los Doce a quienes envió de dos en dos instruyéndolos para que viajasen sin apegos. Herodes, después de haber asesinado a Juan Bautista, creyó que Jesús era Juan que había resucitado de entre los muertos. Al regreso de su misión los Doce reportaron a Jesús el éxito de la misma. Jesús quiso llevarlos a un lugar retirado para que descansaran, pero no fue posible porque la multitud los seguía. Jesús alimentó a la multitud multiplicando cinco panes y dos peces. En la noche, cuando los discípulos cruzaban el lago remando en contra del viento, se asustaron al ver a Jesús caminando sobre el agua yendo hacia ellos. Una vez en tierra, Jesús siguió curando en los pueblos de Genesaret. Jesús reprendió también a los líderes religiosos por sustituir las leyes de Dios con las leyes humanas. Durante su viaje por Galilea, curó a la hija de una mujer que no era judía, demostrando que vino a salvar a todos los hombres y mujeres, y no solo a los judíos. También sanó a un sordomudo.

Parte 2, Marcos 8: Jesús alimentó milagrosamente a 4,000 personas en el desierto. Advirtió a sus discípulos que no se dejaran influir por los fariseos que eran como la levadura. Curó a un hombre ciego que recobró poco a poco la vista. Pedro confesó que Jesús era el Cristo; pero cuando Jesús predijo su pasión, muerte y resurrección, Pedro le reprendió. Jesús llamó a Pedro Satanás porque su pensamiento era el de los hombres y no el de Dios. Advirtió a sus discípulos sobre la necesidad de tomar la cruz y seguirle. Los discípulos no deberán tratar de ganar el mundo porque perderán su alma.

PARTE 1: ESTUDIO EN GRUPO (MC 5-7)

Leer en voz alta Marcos 5-7

Curación de un poseído (5:1-20)

Llegado al territorio de los gerasenos, Jesús se apiadó de un hombre que estaba poseído por una legión de espíritus malignos. Todos pudieron ver la fuerza que poseían estos demonios cuando vieron cómo la piara de cerdos a la que Jesús les permitió ir, se tiraba por el acantilado al lago. Después de que Jesús liberó al endemoniado, toda la ciudad salió a su encuentro. Desconfiando de él, le rogaron que se marchara de su territorio.

El endemoniado quería acompañar a Jesús, pero este le mando que fuese a su casa con los suyos y les contase "lo que el Señor ha hecho contigo y cómo ha tenido compasión de ti" (5:19). Esta orden parece contradecir al secreto mesiánico propio de Marcos; sin embargo, Jesús estaba en territorio gentil, esto es, no judío, donde las personas no tenían el concepto de Mesías.

Aquel hombre que había estado poseído por demonios, se volvió un misionero evangelizador, pregonando lo que Jesús había hecho por él. Al curar a este hombre y enviarlo a que llevase la noticia a otros, Jesús dejó claro que también los gentiles estaban invitados al Reino de Dos.

Jesús es rechazado en Nazaret (6:1-6)

Jesús se enfrentó a una fuerte prueba cuando regresó a su ciudad natal con sus discípulos. La gente de Nazaret había oído hablar de los milagros que había realizado en otras ciudades y se escandalizaron. Despreciaban su predicación, porque era uno de ellos, un carpintero, y María era su madre. En la época en que vivió Jesús, normalmente se identificaba a un hijo más en relación con su padre que con su madre. El que a Jesús en el Evangelio se le nombre como hijo de María y no como hijo de José, puede estar indicando que para ese entonces María ya era viuda. También dicen conocer a sus "hermanos", pero debemos tener en cuenta que otra costumbre de la época era identificar a los primos como hermanos.

Jesús les reprendió, recordándoles que a un profeta solo lo desprecian en su propia tierra. No pudo hacer milagros en medio de ellos debido a su incredulidad. Solo sanó a unos cuantos imponiéndoles las manos.

Misión de los Doce (6:7-13)

Jesús llamó a los Doce para hacerles partícipes de su misión. En esta ocasión les envía de dos en dos. Les dio poder y autoridad para echar fuera espíritus inmundos y les mandó que viajasen con lo mínimo indispensable, subrayando así la urgencia de su misión. Para subsistir dependerían de la generosidad de aquellos que escuchasen su predicación. Les ordena que no vayan de casa en casa buscando alojamiento, pues eso les quitaría tiempo para concentrarse en lo verdaderamente importante: el anuncio de la Buena Nueva.

Nos cuenta Marcos cómo los Doce expulsaron muchos demonios y ungieron a enfermos con aceite. En aquella época, el aceite se utilizaba para la curación física; los Doce lo utilizaron para la curación espiritual. La misión de los Doce es un reflejo de la misión de Jesús, quien los va preparando para lo que será su vida en el futuro.

Muerte de Juan Bautista (6:14-29)

El Evangelio identifica a Juan Bautista con la imagen del profeta Elías, ya que se pensaba que Elías regresaría antes de la venida del Señor. Otros pensaban que Jesús también podía ser Elías u otro de los profetas del Antiguo Testamento.

Marcos narra cómo Herodías, la esposa del Rey Herodes, quería matar a Juan Bautista. Buscó la oportunidad y aprovechó una promesa tonta del rey, solicitando a través de su hija la cabeza del Precursor. A pesar de su reticencia, Herodes entregó la cabeza en una bandeja. Pero el remordimiento no le dejaba en paz. Cuando Herodes escuchó hablar de la fama de Jesús, creyó que este era en realidad Juan Bautista, que había resucitado de entre los muertos. Esto, en una época y un ambiente donde la superstición era común, le causó gran temor.

La narración de la muerte de Juan Bautista anuncia la muerte de Jesús, que también será condenado a muerte solo que a manos de un gobernante romano.

Cuando Jesús muera, sus discípulos harán lo mismo que hicieron los discípulos de Juan Bautista: tomarán su cuerpo y lo pondrán en la tumba. Juan Bautista preparó el camino del Señor incluso con su muerte.

Jesús da de comer a 5,000 en el desierto (6:30-44)

Regresaron los apóstoles de su misión emocionados por lo que habían hecho. Jesús, como buen pastor que era, los llevó a un lugar apartado para que descansaran. Las cosas no salieron según lo planeado, pues la multitud inmediatamente se puso en camino, llegando al sitio incluso antes que Jesús y los suyos. Al ver Jesús a la multitud que necesitaba protección y cuidado, se compadeció de ellos y viendo su necesidad inmediata les dijo a los discípulos: "Denles ustedes de comer" (6:37).

Al ver los apóstoles que no tenían comida suficiente, Jesús entra en escena preguntándoles cuántos panes tenían. "Cinco panes y dos pescados" (6:38), fue la respuesta. Jesús, alzando la vista al cielo los bendijo, los partió y pidió a sus discípulos que los repartieran. Esta fue una prefiguración de lo que sería una Celebración Eucarística. ¡Jesús da, los discípulos reparten!

Camina sobre el agua (6:45-56)

Jesús envió a sus discípulos a embarcarse para dirigirse a Betsaida, al otro lado del lago, mientras Él se retiró por segunda vez al monte a orar. Esto era un indicio de que algo importante estaba por suceder, por dos razones: primero, está presente la montaña que en la Sagrada Escritura es el lugar donde Dios se encuentra con los profetas y, segundo, Jesús siempre se retira a orar antes de los grandes acontecimientos.

Nos dice Marcos que: "vio que se fatigaban remando" (6:48) se acercó a ellos caminando sobre las aguas. La reacción no se hizo esperar: aterrados comenzaron a gritar pensando que era un fantasma. Jesús, inmediatamente, hace dos cosas: primero, les da ánimo y segundo, les dice que es Él, al decir: "Soy yo" (6:50). Esas son las mismas palabras que Dios usó cuando se reveló a Moisés en el Monte Sinaí "Yo soy" (Ex 3:14).

Jesús, con estas acciones, demostró su divinidad ante los discípulos: multiplicó panes, caminó sobre al agua, calmó al viento y dijo "Soy yo" (6:50). Marcos termina narrando cómo la gente lo reconocía y le llevaba enfermos para que los curara. La gente se conformaba con tocar el borde de su manto y eso era suficiente para que quedara curada.

Las tradiciones de los ancianos (7:1-23)

En la Iglesia primitiva se presentó una controversia sobre si los gentiles conversos, esto es, aquellos que no habían sido previamente judíos, debían o no cumplir la ley de Moisés. Marcos escribía para una comunidad cuya mayoría eran gentiles conversos, por tanto, era una controversia que les afectaba directamente. Marcos coloca a Jesús en el centro de este conflicto.

Originalmente, solo los sacerdotes tenían que lavarse las manos antes de comer, pero los fariseos impusieron esta obligación de todas las personas, ya que el judaísmo había aceptado que los fariseos interpretaran la Ley. Desafortunadamente, estos añadieron interpretaciones que iban más allá de lo que el espíritu de la Ley decía.

Los fariseos acusaron a los discípulos de Jesús de no lavarse las manos antes de comer. Jesús condenó a los fariseos citando a Isaías, quien había dicho que el pueblo honraba a Dios con los labios, mientras que su corazón estaba lejos de Él (29:13). Jesús no trataba de ignorar o hacer menos las tradiciones de su pueblo, lo que quería era que hubiera una verdadera conversión de corazón y no una idolatría de la ley.

Jesús les puso por ejemplo el corbán, que era la posibilidad de un hijo de declarar que un bien –propiedad o dinero– lo iba a dedicar a Dios. Si hacía eso, entonces quedaba exento del mandato de cuidar a sus padres. Marcos argumenta cómo lo que estaban haciendo los fariseos era suplantar el mandato de Dios con leyes meramente humanas. En la Iglesia primitiva se había desatado un fuerte debate entre judíos y gentiles convertidos al cristianismo. Los judíos cristianos creían que las leyes judías sobre los alimentos debían ser seguidas por todos; mientras que los gentiles cristianos argumentaban que estas leyes no les obligaban.

Marcos, citando a Jesús, argumenta que no es lo que entra en la boca lo que hace mal, sino lo que sale de ella, ya que la comida que entra a la boca va al estómago, mientras que lo que sale de la boca proviene del corazón. Lo que sale del hombre es lo que contamina: malos pensamientos, robos, asesinatos, adulterios, etc. Después de una larga y difícil lucha, la naciente Iglesia decidió hacer excepciones a las leyes judías sobre los alimentos.

Curación de un sordomudo (7:31-37)

Los caminos que recorrió Jesús en esta etapa de su ministerio se situaban en territorio gentil. Nos dice Marcos que saliendo de Tiro, pasó por Sidón y cruzó el lago de Galilea, llegando a la región de la Decápolis. Estos poblados y regiones no estaban en territorio judío, sino en tierra gentil. Marcos desea demostrar que Jesús no había venido solo para los judíos, sino para todos los hombres y mujeres. Muchas de los que vivían en Galilea, no eran judíos.

Cuando Jesús sanó a un hombre que era sordo y tartamudo, se mostró considerado para con él apartándolo de la multitud de curiosos antes de curarlo. Al meter los dedos en sus oídos y tocarle la lengua con su saliva, se hermanó con su enfermedad. Alzando la vista al cielo y con la misma autoridad con que había expulsado demonios en otros momentos, hizo que los oídos se le abrieran y la lengua se le soltara. Pero a pesar de que Jesús le pidió que no dijese nada a nadie, el hombre comenzó a divulgarlo.

Preguntas de reflexión

1. ¿Por qué Herodes mandó matar a Juan Bautista?
2. ¿Por qué se dice que la muerte de Juan Bautista es una prefiguración (anticipación) de la muerte de Jesús?
3. ¿Qué instrucciones les dio Jesús a los Doce, cuando los envió de misión?
4. ¿Qué sucedió cuando regresaron los Doce de su misión?
5. ¿Por qué se dice que la multiplicación de los panes es una prefiguración de la Eucaristía?
6. ¿Cómo reaccionaron los discípulos de Jesús cuando lo vieron caminar sobre el agua?
7. ¿Dónde se originó la ley que exigía a los judíos lavarse las manos antes de comer?
8. ¿Cuál era el verdadero problema de la controversia de Jesús con los fariseos y escribas acerca de la tradición de los ancianos?
9. ¿Qué enseñó Jesús sobre la ley que prohibía comer ciertos alimentos por considerarlos impuros?
10. ¿Qué hizo Jesús de particular en la curación del sordomudo?

Oración final: *(Ver página 15)*

Hacer la oración final ahora o después de la *Lectio divina*

Lectio divina: *(Ver página 8)*

Relaja tu cuerpo y mantén una postura de oración (sentado, ojos cerrados, ambos pies en el piso). Este ejercicio puede tomar el tiempo que sea necesario. En el contexto de este estudio de Biblia, de diez a veinte minutos son suficientes. El propósito de la *Lectio divina* es ayudarte a entrar en la dinámica de la oración y contemplación de la Palabra de Dios, que puedas entablar un diálogo con Dios en lo más íntimo de tu corazón. Ve la página 8 para más instrucciones.

Curación de un poseído (5:1-20)

Dedica de 8 a 10 minutos a contemplar en silencio el pasaje teniendo presente esta reflexión:

En 1935, Bill W. y el Dr. Bob, dos hombres que luchaban por superar la adicción al alcohol, fundaron la organización *Alcohólicos Anónimos*. Los doce pasos de A.A. son un conjunto de principios, que si los alcohólicos adoptan, pueden liberar de la obsesión por beber. Estos doce pasos incluyen la admisión de la debilidad, la confianza en un ser divino y oración diaria a ese ser divino. Desde entonces, millones de hombres y mujeres han controlado sus demonios de adicción con la ayuda de *AA*. Aunque no se produce un exorcismo espiritual, una verdadera expulsión del mal ha tenido lugar durante la recuperación de estos alcohólicos. Esto es solo un ejemplo de los obstáculos que podemos encontrar. A veces nos topamos con males físicos, emocionales o espirituales que pueden parecer imposibles de superar. Es a través de la oración y la confianza en Dios, que muchos están controlando sus males.

✠ *¿Qué puedo aprender de este pasaje?*

Jesús es rechazado en Nazaret (6:1-6)

Dedica de 8 a 10 minutos a contemplar en silencio el pasaje. Ten presentes estas ideas:

En este pasaje, Marcos insiste en la necesidad de la fe en Cristo para hacernos ver cómo Jesús era capaz de realizar milagros cuando las personas tenían fe. Si no creemos que Dios puede actuar en nosotros, entonces ¿cómo actuará?

¿Qué puedo aprender de este pasaje?

La misión de los Doce (6:7-13)

Dedica de 8 a 10 minutos a contemplar en silencio el pasaje, teniendo presentes estas reflexiones:

Jesús nos enseñó a usar el poder y la autoridad que viene de él para el bien de nuestro prójimo. Nos enseñó a caminar "ligeros de equipaje", solamente con aquellas cosas que necesitemos; lo demás sobra, nos estorba para lo verdaderamente importante: Dios. La pobreza de espíritu nos libera del deseo de poseer y de la preocupación por los bienes terrenos, dejándole a Dios un amplio espacio para actuar en nuestra vida.

✠ *¿Qué puedo aprender de este pasaje?*

Muerte de Juan Bautista (6:14-29)

Dedica de 8 a 10 minutos a contemplar en silencio el pasaje. Considera estas ideas:

Marcos, en su Evangelio, vincula la vida y la muerte de Juan Bautista con la vida y la muerte de Jesús, quien comenzó su misión cuando Juan terminó la suya al ser encarcelado. A diferencia de Juan, la vida de Jesús no terminó. Con su resurrección y ascensión a los Cielos, sigue estando con cada uno de nosotros.

✠ *¿Qué puedo aprender de este pasaje?*

Jesús da de comer a 5,000 (6:30-44)

Dedica de 8 a 10 minutos a contemplar en silencio el pasaje. Considera lo siguiente:

Jesús mostró su gran bondad, delicadeza y generosidad en esta ocasión. Bondad al ser Él quien alimenta a la multitud; delicadeza al tomar en cuenta a sus discípulos dejándoles que sean ellos los que reparten el alimento; y generosidad: no solo dio lo suficiente para que comieran todos, sino que incluso sobraron

doce canastos. Dios no se deja ganar en generosidad. Cuando Dios da, da en abundancia. Él da más de lo que necesitamos, para que así podamos compartir con los demás, especialmente con los que más lo necesitan. Dios toma lo poco que tenemos y lo multiplica para el bien de los demás.

✠ *¿Qué puedo aprender de este pasaje?*

Jesús camina sobre el agua (6:45-56)

Dedica de 8 a 10 minutos a contemplar en silencio el pasaje, teniendo en cuenta estas reflexiones:

¿Cuál sería nuestra reacción al ver durante la noche a una persona caminando sobre el agua dirigiéndose hacia nuestro bote? Al igual que los discípulos, gritaríamos. Aprendamos a ver y a reconocer a Jesús quien camina sobre las aguas de nuestra vida, aunque no nos demos cuenta o no lo reconozcamos. Además, calma los vientos que nos atormentan, multiplica diversas clases de "panes" y se nos revela diciéndonos: "¡Anímense! Soy yo, no teman" (6,50).

✠ *¿Qué puedo aprender de este pasaje?*

Las tradiciones de los Ancianos (7:1-23)

Dedica de 8 a 10 minutos a contemplar en silencio el pasaje, considerando también estas ideas:

En los Hechos de los Apóstoles, el apóstol Pedro tiene una visión: ve un gran lienzo que descendía del cielo con animales de cuatro patas, reptiles y aves. Una voz le dijo que los matase y se los comiese. Pedro se negó argumentando que él nunca había comido nada impuro. La voz le respondió: "No llames profano a lo que Dios ha purificado" (10:15). El propósito de la visión era comunicarle que Dios ya no quería que las leyes judías pesaran sobre los gentiles conversos al cristianismo. Un ejemplo de esto era el cerdo, considerado por las leyes judías como impuro. El amor de Dios llama a todas las personas de buena voluntad a compartir la fe en Cristo con el menor número de obstáculos posibles.

✠ *¿Qué puedo aprender de este pasaje?*

Curación de un sordomudo (7:31-37)

Dedica de 8 a 10 minutos a contemplar en silencio el pasaje, considerando además:

El Evangelio nos muestra a amigos que presentan enfermos a Jesús, madres que piden la curación de sus hijos o jefes que piden la sanación de sus siervos. La ayuda de la comunidad para llegar a Jesús es indispensable. Una vez frente a Jesús, es Él quien actúa; es Él quien vence la sordera, la tartamudez e incluso la muerte. La fe del individuo y de la comunidad, unidas al poder de Jesucristo, logran lo impensable.

✠ *¿Qué puedo aprender de este pasaje?*

PARTE 2: ESTUDIO INDIVIDUAL (MC 8)

Día 1: Jesús da de comer a 4,000 (8:1-10)

Marcos nos narra una nueva multiplicación de los panes. Una vez más Jesús expresa su compasión por aquellos que le seguían. Llevaban ya tres días con él y no tenían nada que comer. Esta multiplicación es semejante a la anterior, pero no igual. La primera diferencia se presenta al indicar Marcos que la muchedumbre venía desde "lejos". Esto indicaba que eran gentiles, es decir, que no pertenecían al pueblo judío. Jesús se presenta ahora como el Pastor del nuevo pueblo que son los gentiles, quienes también tendrán un lugar en esta nueva época. La segunda diferencia radica en que los discípulos tenían siete panes, a diferencia de los cinco panes y dos pescados que había en la ocasión anterior.

Para el pueblo judío el número siete significaba perfección. Jesús tomó siete panes, dio gracias, los partió y los dio a los discípulos para que los repartiesen; también sobraron siete canastos de pan. El número siete apunta a la Eucaristía, que es el don más perfecto. Las siete canastas llenas de panes indican la abundancia de bendiciones que proceden del banquete eucarístico.

Marcos hace uso del recurso literario de historias paralelas o dobles, es decir, historias en que sucede lo mismo en diferentes ocasiones.

Lectio divina

Dedica de 8 a 10 minutos a contemplar en silencio el pasaje. Quizás estas ideas puedan serte útiles:

La gente llevaba tres días siguiendo a Jesús, tres días lejos de la civilización por lo que no habían tenido oportunidad de comprar comida. Cuando Jesús está a punto de despedirlos, se da cuenta del riesgo que correrán en el camino donde pueden desfallecer. Su misericordia se extiende más allá de lo estrictamente debido. Se preocupa por los suyos, no solo cuando están con Él, sino también cuando ya no están.

✠ *¿Qué puedo aprender de este pasaje?*

Día 2: La levadura de los fariseos (8:11-21)

De regreso en territorio judío, Jesús reprocha a los fariseos su obstinación de querer señales del cielo para creer. Jesús ha realizado muchos signos para mostrar que en Él se cumple el Antiguo Testamento. Si no los convencieron los signos ya realizados por Jesús como las multiplicaciones de los panes, las curaciones, las expulsiones de demonios, nada los convencerá.

Jesús empleó la imagen de la levadura para advertir a la gente de la influencia que podían ejercer los fariseos y los herodianos. Así como la levadura se mezcla con la harina y hace que esta cambie de consistencia, sus enseñanzas podrían llegar a cambiar la manera de pensar de los discípulos, por lo tanto hace un llamado a estar atentos.

Lectio divina

Dedica de 8 a 10 minutos a contemplar en silencio el pasaje. Las siguientes ideas también te pueden ser útiles:

Marcos sigue haciendo hincapié en cómo los discípulos no entendían quién era Jesús. Al hablar sobre la levadura de los fariseos, ellos pensaron que les estaba hablando de que ya no había pan en la barca. Es posible que Marcos quiera preguntar a sus lectores: ¿cuánto conoces y entiendes los criterios de Jesús, después de haber oído hablar de Él?

✠ *¿Qué puedo aprender de este pasaje?*

Día 3: Curación del ciego de Betsaida (8:22-26)

Ahora en Betsaida Jesús vuelve a hacer uso de gestos simbólicos para sanar a un hombre. En esta ocasión se trata de un ciego que es llevado a Jesús y le piden que lo toque. Una vez más Jesús retira de la mirada curiosa de la multitud al enfermo, con quien establece un contacto personal. Nos dice el Evangelio que lo tomó de la mano, le puso saliva en los ojos, le impuso las manos y le volvió a poner las manos en los ojos.

Mandó al hombre que se fuese a su casa para que no contase lo sucedido. Una vez más el evangelista usa el secreto mesiánico.

Lectio divina

Dedica de 8 a 10 minutos a contemplar en silencio el pasaje. Toma en cuenta lo siguiente:

La curación de este hombre fue paulatina, como hasta este momento del Evangelio ha sido la conversión de los discípulos; y como hasta este momento de nuestra vida, posiblemente, ha sido la de cada uno de nosotros. Poco a poco vamos viendo con claridad las cosas de Dios, la luz y el camino que hay que seguir

✠ *¿Qué puedo aprender de este pasaje?*

Día 4: La confesión de Pedro acerca de Jesús (8:27-30)

De nuevo Marcos nos presenta a Jesús en movimiento, otra característica propia de su Evangelio: la prisa, la urgencia de llevar el mensaje. Recordemos que empezamos el Evangelio de Marcos con la declaración solemne de que este trata sobre la Buena Noticia de Jesús, el Cristo, Hijo de Dios (1:1) y es precisamente en este pasaje, situado exactamente a la mitad de su Evangelio, en el que Marcos nos comunica por medio de Pedro que Jesús es el Mesías (el Cristo en griego).

Ante la pregunta, ¿quién dice la gente que soy yo? (8:27), las respuestas fueron desde Elías, a quien el pueblo judío esperaba como precursor de la llegada del Mesías (Dt 18:15-18), pasando por Juan Bautista, hasta llegar a uno de los profetas. Pero Pedro declaró enfáticamente que Jesús era el Mesías (el Cristo, que significa el "Ungido"). Una vez más Jesús les ordenó que no se lo dijesen a nadie.

Lectio divina

Dedica de 8 a 10 minutos a contemplar en silencio el pasaje. Ten presentes estas ideas:

> Los discípulos ahora llevan delantera. Han llegado a comprender que Jesús es el Mesías. ¿Comprenderían qué tipo de Mesías era? ¿Les ayudará esto a enfrentar lo que sucederá en los siguientes capítulos del Evangelio de Marcos: la pasión, muerte y resurrección de Jesús?

> ✠ *¿Qué puedo aprender de este pasaje?*

Día 5: Primer anuncio de la pasión, muerte y resurrección de Jesús (8:31-33)

Después de la grandiosa afirmación de Pedro de que Jesús era el Mesías, su fe fue puesta a prueba. Jesús explicó que era necesario que el Mesías sufriera, muriera y resucitara. Jesús expresó que "tenía" que padecer mucho. El verbo "tenía" puede sonar muy duro, suena a totalidad, a obediencia, a tenacidad, a ofrecimiento. Todo eso comprendía la entrega de Jesús para que la obra de la redención pudiera realizarse.

Pedro, no comprendiendo la trascendencia del momento, intenta disuadir a Jesús y la respuesta que este le dio es una de las más duras del Evangelio: "«¡Quítate de mi vista, Satanás!, porque tus pensamientos no son los de Dios, sino los de los hombres" (8:33).

Lectio divina

Dedica de 8 a 10 minutos a contemplar en silencio el pasaje. Puedes reflexionar también en lo siguiente:

> Jesús dijo que tendría que padecer mucho, ser rechazado, sufrir la muerte y, después de tres días, resucitar. ¡Vaya sorpresa se llevaron los discípulos cuando oyeron esas palabras! Qué diferentes son los caminos de Dios a nuestros caminos.

> ✠ *¿Qué puedo aprender de este pasaje?*

Día 6: Condiciones para ser discípulo (8:34-38)

Cada vez que Marcos presenta una predicción de la pasión de Jesús, inmediatamente después presenta un discurso sobre lo que significa ser su seguidor o discípulo. Marcos quiere dejar claro que, así como Jesús sufrió, así también sufrirán los suyos. No quiere que se espanten, que se escandalicen; el discípulo pasa por las mismas pruebas que Jesús. Este es un claro mensaje para la naciente Iglesia que estaba pasando por persecuciones y sufrimientos. A la vez que es un mensaje para la Iglesia (comunidad de los seguidores de Jesús) de todos los tiempos que siempre pasará por momentos difíciles.

La mención de la cruz claramente presenta una idea posterior a la muerte de Jesús, ya que los discípulos en ese momento todavía no la veían como el instrumento de nuestra salvación. Marcos ya la ve así.

Lectio divina

Dedica de 8 a 10 minutos a contemplar en silencio el pasaje. Puedes considerar también estas ideas:

"¿De qué le sirve al hombre ganar el mundo entero si arruina su vida?" (8:36), preguntó Ignacio, originario de Loyola en España, a su compañero y amigo Francisco, originario de Javier, también en España, cuando este era un estudiante de la prestigiosa Universidad de la Sorbona en París. Esta pregunta llevó al joven Francisco a replantearse su vida de cara a Dios y a entregársela en su totalidad. Ahora los conocemos como san Ignacio de Loyola, fundador de la Compañía de Jesús, y san Francisco Javier, patrono de las misiones.

✠ *¿Qué puedo aprender de este pasaje?*

Preguntas de reflexión

1. ¿Por qué Jesús se molestó cuando los fariseos le pidieron una señal?
2. ¿A qué se refiere Jesús cuando habla sobre la "levadura de los fariseos"?
3. ¿Cuál es el significado de la curación del ciego de Betsaida en el Evangelio de Marcos?
4. ¿Quién dice Pedro que es Jesús?
5. ¿Qué sucede cuando Pedro reprende a Jesús por predecir su pasión, muerte y resurrección?
6. ¿Cuál es una condición importante para ser discípulo de Jesús?

El misterio es revelado, Jesús en Jerusalén

MARCOS 9-12

Por eso les digo que obtendrán todo cuanto pidan en la oración, si creen que ya lo han recibido (11:24).

Oración inicial: *(Ver página 15)*

Contexto

Parte 1, Marcos 9-10: Jesús en la montaña se transfigura ante Pedro, Santiago y Juan. Se presenta glorioso ante ellos, flanqueado por Moisés y Elías. Al bajar de la montaña se encuentra con un niño epiléptico. Jesús expulsa el espíritu porque los discípulos no lo pudieron hacer, ya que ese tipo de demonios solo se puede vencer con la oración. Jesús anuncia por segunda vez su pasión, muerte y resurrección. Jesús sorprende a los discípulos discutiendo sobre quién era el más importante, ante lo que Jesús declara que el que quiera ser el primero, debe hacerse el servidor de todos y debe recibir a un niño como si a Él lo recibiesen. Ante la pregunta sobre lo que deberían hacer con algunos que estaban expulsando demonios en nombre de Jesús, el Maestro responde que quien no está contra ellos, está a su favor. Llevar a alguien al pecado es tan malo que más le valdría amarrarse una piedra de molino al cuello y tirarse al mar. Más vale entrar manco a la vida eterna que no entrar. Jesús habla sobre el matrimonio como algo querido por Dios desde los inicios. Dios creó al hombre y a la mujer para que se unieran. Jesús declara que el Reino de los Cielos es de aquellos que son como niños. Cuando un joven rico pregunta a Jesús qué más debería hacer, puesto que ya guardaba todos los mandamientos, Jesús lo invita a dejarlo todo y a seguirlo. El joven se entristece y se marcha. Jesús comenta que es difícil para una persona rica entrar al Reino de Dios. Por tercera vez, Jesús predice su pasión, muerte y resurrección. Los discípulos Santiago y Juan, haciendo caso omiso de las enseñanzas de Jesús, le preguntan si se pueden sentar a su derecha e izquierda en el Reino. El Maestro enseña a todos los discípulos que, así como Él vino a servir y a dar su vida, así lo deben hacer también ellos.

Parte 2, Marcos 11-12: Jesús entró a Jerusalén mientras la multitud lo aclama. Al día siguiente Jesús maldice a una higuera por no dar frutos, aun cuando no era época de higos. Después entra en el Templo y echa fuera a los comerciantes, ya que estaban convirtiendo en un mercado la casa de Dios, que es casa de oración. A la mañana siguiente, Pedro se sorprende al descubrir que la higuera se había secado y Jesús aprovecha la ocasión para enseñar que una persona de gran fe puede realizar grandes milagros. Cuando Jesús entra en el Templo, los líderes religiosos exigen conocer la fuente de la supuesta autoridad de Jesús; Él les hace otra pregunta y les pide que se definan sobre la autoridad de Juan Bautista. Como se niegan a contestarle, Jesús también se niega a responder. Jesús hace enojar aún más a los líderes religiosos cuando relata la parábola de los viñadores homicidas: mataron a los enviados del dueño que iban a cobrar la renta. Los líderes se dieron cuenta de que Jesús estaba hablando de ellos. Jesús responde a una serie de preguntas sobre el pago de impuestos a Roma, sobre la resurrección de los muertos y sobre el mayor de los mandamientos. También pregunta a los escribas sobre el Mesías y su relación con David. Jesús pone en guardia a la gente contra el ejemplo de los escribas, que buscaban la alabanza en sus actos religiosos. Jesús alaba a la viuda que dio más que todos los otros, ya que había dado hasta lo que tenía para vivir.

PARTE 1: ESTUDIO EN GRUPO (MC 9-10)

Leer en voz alta Marcos 9-10

Transfiguración de Jesús (9:2-13)

Seis días después del anuncio de su pasión, Jesús subió a la montaña donde se transfiguró, es decir, se mostró a sus discípulos sin ocultar su divinidad. Jesús se transfiguró para anunciar lo que vendría después de su pasión y muerte: su gloriosa resurrección.

Además de sus apóstoles Pedro, Santiago y Juan, se encontraban presentes

Moisés, a quien Dios había entregado las Tablas de la Ley y Elías, el gran profeta. La transfiguración sucedió en una montaña, lugar donde Dios visitaba a su pueblo en el Antiguo Testamento (Ex 3:1-6), en presencia de dos grandes figuras del Antiguo Testamento, con una nube cubriéndolos, también como había sucedido en el Antiguo Testamento (Ex 16:10; 19:9; 33:9). Asimismo se escuchó la voz del Padre quien dio su aprobación a Jesús: "Este es mi Hijo amado; escúchenlo" (9:7). Estas palabras, que habían sido dichas en el bautismo de Jesús (1:11), fueron repetidas para que los apóstoles las escuchasen.

Pedro, Santiago y Juan fueron testigos privilegiados de la gloria de Jesús. Pedro, una vez más tomando el liderazgo del grupo, propuso la construcción de moradas en aquel sitio donde, afirmó, se estaba muy bien (9:5). Al bajar de la montaña, Jesús pidió a los suyos que no contaran nada a nadie, hasta que Él resucitara.

Los apóstoles cumplieron el encargo, pero se preguntaban qué querría decir Jesús con "resucitar de entre los muertos" y le preguntaron acerca de Elías, ya que en esa época los eruditos pensaban que volvería antes del "día del Señor" (Mal 3:23), porque el Antiguo Testamento no reporta cómo fue la muerte de Elías, solo dice que "subió al cielo en el torbellino" (2 Re 2:11). Cuando los miembros de la Iglesia primitiva se dieron cuenta de que Jesús era el Mesías, tenían la misma pregunta acerca de Elías. Marcos propone a Juan Bautista, sin nombrarlo, como aquel que vino a preparar el camino del Señor con su vida y sus palabras.

Jesús sana a un niño epiléptico (9:14-29)

Bajando de la montaña, Jesús se enfrentó a problemas tal y como le había sucedido a Moisés en el libro del Éxodo. Cuando Moisés bajó del monte Sinaí, encontró al pueblo adorando a un becerro de oro (Ex 32). Los letrados discutían con los discípulos, la gente se arremolinaba y un padre le rogaba a Jesús que sanase a su hijo poseído por un espíritu, a quien los discípulos no habían podido expulsar. La respuesta de Jesús nos puede parecer dura. Vemos en él compasión para con el niño y consternación por la falta de fe del padre a quien amonestó diciendo "¡Creo, ayuda a mi poca fe!" (9:23). La respuesta del padre es repetida hoy en día en infinidad de sitios ante Jesús Eucaristía: "Creo; pero ayuda mi falta de fe" (9:24).

Esta es la narración de un exorcismo. Cuando Jesús reprendió al espíritu, este salió no sin antes sacudir al niño fuertemente. Termina este pasaje con un diálogo privado entre Jesús y sus discípulos, acción habitual en Marcos, donde Jesús hizo hincapié en el poder y la necesidad de la oración. Con lo sucedido, queda clara la lección: la fe y la oración son esenciales en la vida de los seguidores de Jesús.

Segundo anuncio de la pasión y resurrección (9:30-32)

Los discípulos no llegaban a entender lo que Jesús quería transmitirles ni por lo que Él estaba pasando. Preferían no preguntar, pues no querían más malas noticias. De hecho, ya era bastante duro oír a Jesús hablar de que sería entregado y de que moriría a manos de las autoridades religiosas de Jerusalén. Además, hablaba de que al tercer día resucitaría, cosa que no entendían. Es importante tener presente que Jesús nunca habló de su pasión y muerte sin agregar inmediatamente que resucitaría.

¿Cómo deben comportarse los discípulos? (9:33-37)

Marcos nos presenta a Jesús con sus discípulos llegando de nuevo a Cafarnaúm, lugar donde había iniciado su actividad. Esta constante actividad misionera presentada por Marcos denota la urgencia de Jesús. En el camino, los discípulos habían discutido sobre quién de ellos era el más importante. Jesús hizo un gesto conmovedor al acariciar a un niño y decirles que quien recibe a un niño en su nombre, lo recibe a Él y a aquel que lo envió (9:37).

Los niños en la época de Jesús no tenían ningún derecho o prerrogativa, estaban al servicio de sus padres. Al poner a un niño en medio de ellos, Jesús les mostró como debían actuar con aquellos que la sociedad consideraba los más insignificantes y dejarse de discusiones que no conducían a nada. Esta es una nueva lección sobre lo que significa ser un verdadero discípulo, ser los últimos y los servidores de todos.

El exorcista anónimo (9:38-41)

Esta es una de las pocas veces en que los Evangelios nos presentan a Juan hablando con Jesús. Le pregunta si deberían prohibir a aquellos que no eran de su grupo de discípulos actuar en nombre de Jesús. Jesús respondió con sabiduría: "No se lo impidan, pues no hay nadie que obre un milagro invocando mi nombre y que luego sea capaz de hablar mal de mí" (9:39). El que no está contra de Jesús, está con Él.

En la naciente Iglesia, algunas de las personas que predicaban en el nombre de Cristo, aún no se habían bautizado. No predicaban en contra de Jesús, de hecho predicaban sobre Él de manera favorable. Marcos hablaba de cómo no se les debía obstaculizar su trabajo.

Termina este pasaje reconfortando a Juan, diciéndole que cualquier persona que trate a un seguidor de Jesús con amabilidad, por el simple hecho de que es un seguidor de Jesús, será recompensado por Dios.

Radicalidad ante el pecado (9:42-50)

Las palabras de Jesús nos pueden parecer exageradas cuando instruyó a sus seguidores a usar medidas drásticas para evitar el mal y sus consecuencias. Pero no lo son porque las consecuencias del mal son muy grandes. La naciente Iglesia se encontraba aun en capullo, era como una rosa abriéndose, cualquier mal ejemplo la podía marchitar.

Marcos deja claro cuán pernicioso es el escándalo, esto es, arrastrar a otros a obrar mal. Si alguien corrompía a otros, le hubiera sido mejor atarse una piedra de molino y arrojarse al mar. Para los judíos, después de la crucifixión, el tipo de muerte que más temían era morir ahogados. La enseñanza de este pasaje es clara, el bien eterno del alma es más importante que cualquier bien terreno. Ante la vida eterna, todo lo demás pasa a segundo plano y vale la pena cualquier sacrificio, inclusive el extirpar una extremidad o alguna parte del propio cuerpo, con tal de preservar la vida en el resto del cuerpo.

Al referirse Marcos a los gusanos que nunca mueren y al fuego que nunca se apaga (9:44), está hablando sobre el infierno, lugar donde las personas serán arrojadas a causa del pecado (Is 66:24). Jesús sigue hablando sobre el fuego. Es una parte un poco confusa porque dice que todos serán salados con fuego. Al parecer, esto se refería a la práctica de salar la carne que iba a ser sacrificada a Dios como ofrenda. De la misma manera, el verdadero discípulo debe ser un sacrificio bien preparado para Dios.

Finalmente, Jesús utilizó la imagen de la sal para describir cómo sus discípulos han de vivir en el mundo: como sal que preserva, purifica y penetra la sociedad. Buena es la sal, pero si esta pierde el sabor ¿con que se sazonará? (9:50). Buenos son los seguidores de Cristo, pero si estos pierden el sabor ¿quién hará su trabajo? ¿Quién llevará a Dios a los demás?

Sobre el matrimonio y el divorcio (10:1-12)

De nuevo Jesús se pone en camino hacia Judá, región donde se encuentra Jerusalén. De camino iba enseñando y, como siempre, los fariseos lo pusieron a prueba. A su pregunta sobre sí le era lícito al hombre separarse de su mujer, Jesús les respondió con otra pregunta: ¿Qué les mandó Moisés? (10:3). La ley de Moisés se refería a una mujer divorciada, casada por segunda vez que deseaba regresar con su esposo original. La Ley prohibió esto, ya que la consideraba contaminada (Dt 24:1-4). Jesús les dijo a sus oyentes que Moisés permitió el divorcio, no porque fuera la voluntad de Dios, sino por la terquedad e incapacidad que ellos tenían para aprender.

Jesús aprovechó la ocasión para dar toda una catequesis, esto es, una enseñanza de la fe, sobre el matrimonio. Haciendo referencia a los inicios de la creación, Jesús mostró cómo la voluntad de Dios sobre el matrimonio estaba clara desde el principio: por eso abandonará el hombre a su padre y a su madre, se unirá a su mujer y los dos se harán una sola carne (cf. 10:7-8). Con esto Jesús declaraba la indisolubilidad del matrimonio. Como nadie está sobre Dios y sus designios, nadie puede separar lo que Dios ha unido.

El peligro de las riquezas (10,17-31)

Un joven, que tenía riqueza y con ella la seguridad que esta produce, se acercó a Jesús porque sentía que le faltaba algo. Quería aquella paz y felicidad que el dinero no puede comprar. Informó a Jesús que cumplía todos los mandamientos, es decir, era una buena persona. Ante eso, Jesús lo miró con amor y le pidió aquello que le estaba impidiendo entregarse de todo corazón a Dios: sus posesiones materiales. El joven se fue triste porque tenía puesta en ellas su confianza. El dinero se había apoderado de su corazón. En el Evangelio hay muy pocos casos de personas que rechazaron la invitación de Jesús a seguirle.

En la época de Jesús, era común la creencia de que la riqueza y la salud eran señales de estar en buenos términos con Dios. Por tanto, cuando Jesús dijo que difícilmente una persona rica entraría al Reino de Dios, con seguridad habría dejado a sus discípulos boquiabiertos, quienes preguntaron: "entonces ¿quién puede salvarse?" (10:26). Marcos, una vez más, deja claro la radicalidad que conlleva el llamado a ser discípulo de Jesús.

"¿Quién puede salvarse?" (10:26) se preguntaban los discípulos. La respuesta nos llena de consuelo: "para Dios todo es posible" (10:27). Pedro, una vez más, tomó la iniciativa y a nombre de los demás discípulos le pregunta a Jesús cuál sería la suerte de aquellos que habían dejado todo para seguirle. El ciento por uno respondió Jesús, es decir, que por cada cosa que el hombre deja por seguirlo, Jesús le dará cien veces más y la vida eterna. Jesús aclaró que esto sería en medio de persecuciones, aclaración que venía muy bien para la comunidad a la que Marcos dirigía su Evangelio y al hombre del siglo XXI también, ya que todavía ahora el Evangelio y los seguidores de Jesús siguen sufriendo persecución y escarnio.

Tercer anuncio de la pasión y la resurrección (10:32-34)

Esta es la tercera ocasión en el Evangelio de Marcos que Jesús predice que va pasar por un gran sufrimiento, que va a ser entregado y condenado en medio de burlas y humillaciones. Además, que iba a ser azotado y ajusticiado, pero que al tercer día, como Marcos siempre recalca, resucitaría. No es de extrañarse que los apóstoles estuviesen muy sorprendidos y con miedo por tal predicción, la cual había sido dada antes con más detalle. Con seguridad pensarían que si a Jesús lo iban a matar, lo más probable es que ellos correrían la misma suerte.

Jesús va adelante, caminando hacia Jerusalén, esto denota una aceptación de lo que le esperaba. Además, es un ejemplo para los miembros de la naciente Iglesia y para nosotros de que debemos seguir a Jesús con decisión, también en nuestra propia la pasión. Jesús, al referirse a sí mismo, se definía como el "Hijo del hombre". Este era uno de los títulos que los judíos utilizaban para nombrar al Mesías.

Contra la ambición (10:35-45)

Nosotros, hombres y mujeres del siglo XXI, tenemos un concepto de la gloria eterna o la gloria de los cielos diferente al que se tenía en la época de Jesús. El problema radicaba en que ellos esperaban a un Mesías, guerrero, libertador de la opresión del dominio extranjero. Por ello, no sabemos si, cuando Santiago y Juan pidieron a Jesús sentarse a su lado en su gloria (10:37), estaban pensando en la gloria terrena o en la eterna. Haya sido uno u otra, ninguna concuerda con las enseñanzas de Jesús.

"No saben lo que piden" (10:38), fue la respuesta de Jesús. "¿Son capaces de beber la copa que yo he de beber o recibir el bautismo que yo voy a recibir?" (10:38). Con "copa" Jesús se refiere a su sufrimiento y con "bautismo" a su crucifixión. Ellos respondieron "Podemos" (10:39). Jesús les dijo que efectivamente iban a pasar por lo mismo que Él, pero que sentarse a su lado, a él no le tocaba concederlo.

Jesús les explicó que entre ellos las cosas debían ser diferentes, que el que quisiera llegar a ser grande debía servir a los demás. En el Reino de Dios, es el servicio y no el poder lo que lleva a la grandeza. Una vez más, Jesús se refirió a sí mismo como el Hijo del Hombre y anunció que había venido a dar su vida como rescate por muchos. El verdadero discípulo no busca ser reconocido ni ocupar lugares de honor, sino que predica el mensaje de Cristo también en medio de persecuciones, malentendidos y hasta riesgo de muerte.

El ciego Bartimeo (10:46-52)

El ciego Bartimeo se encontró con una oportunidad que no podía dejar pasar. Con gritos llamó a aquel sobre quien había oído hablar, a aquel que sanaba a los enfermos y resucitaba a los muertos. A gritos solicitó la ayuda de Jesús llamándole Hijo de David, clara referencia al título de Mesías. Y a pesar de que todos querían silenciarlo, su clamor se hizo más fuerte.

"Llámenlo" (10:49) fue la orden de Jesús y así se inició una bellísima historia, no solo de sanación, sino de discipulado, ya que nos dice el Evangelio que Bartimeo al recobrar la vista siguió a Jesús por el camino, dejando atrás hasta su manto. Una vez más la noción de totalidad en el seguimiento se hace presente en Marcos.

Se nos hará curioso que Jesús le haya preguntado a un ciego: "¿Qué quieres de mí?"(10:51). La respuesta era obvia; sin embargo, Jesús quería oír su petición, lo mismo que quiere oír las nuestras. El mensaje para los discípulos es que, aunque Dios conozca nuestras necesidades, nosotros tenemos que tomar la iniciativa y pedirle, pero pedirle con fe, para que nos diga como a Bartimeo: "tu fe te ha salvado" (10:52).

En esta ocasión no le pidió al recién sanado que no le dijera a nadie sobre el milagro. El secreto mesiánico ya no es necesario. Jesús estaba por entrar a Jerusalén y el tiempo de que fuese reconocido como Mesías se estaba acercando.

Este es el último milagro de Jesús que nos presenta Marcos en su Evangelio. Jesús es quien trae la luz.

Preguntas de reflexión

1. ¿Qué sucedió en la transfiguración de Jesús?
2. ¿Por qué la gente esperaba que Elías viniese antes que Jesús?
3. ¿Qué sucedió cuando Jesús bajó de la montaña después de su transfiguración?
4. ¿Qué dijo Jesús a sus discípulos en el segundo anuncio de su pasión y resurrección?
5. ¿Cuál fue la reacción de Jesús cuando sus discípulos discutían sobre quién era el más grande?

6. ¿Qué respondió Jesús a Juan cuando le preguntó si deberían dejar que otros que no fuesen de su grupo echaran fuera los demonios en nombre de Jesús?
7. ¿Qué quería decir Jesús cuando habló sobre cortar una mano o pie o arrancarse un ojo?
8. ¿Por qué Jesús usó la imagen de la sal?
9. ¿Qué dijo Jesús sobre el matrimonio y el divorcio?
10. ¿Qué le dijo Jesús al joven rico que necesitaba hacer para seguirle?
11. ¿Qué prometió Jesús a los que dejan todo para seguirlo?
12. ¿Qué rasgo especifico presenta la tercera predicción de la pasión, muerte y resurrección de Jesús?
13. ¿Cómo respondió Jesús a la petición que le hicieron Santiago y Juan de tener un lugar de honor en su gloria?

Oración final: *(Ver página 15)*

Hacer la oración final ahora o después de la *Lectio divina*

Lectio divina: *(Ver página 8)*

Relaja tu cuerpo y mantén una postura de oración (sentado, ojos cerrados, ambos pies en el piso). Este ejercicio puede tomar el tiempo que sea necesario. En el contexto de este estudio de Biblia, de diez a veinte minutos son suficientes. El propósito de la *Lectio divina* es ayudarte a entrar en la dinámica de la oración y contemplación de la Palabra de Dios, que puedas entablar un diálogo con Dios en lo más íntimo de tu corazón. Ve la página 8 para más instrucciones.

Transfiguración de Jesús (9:2-13)

Dedica de 8 a 10 minutos a contemplar en silencio el pasaje, teniendo en cuenta estas ideas:

Porque los cristianos creemos que Jesús es el Cristo, el Hijo de Dios, vemos el mundo de diferente manera que los que no creen. En cierto sentido, somos capaces de ver la gloria de Dios en la creación y su mano en medio de los avatares del mundo moderno. La vemos así porque la vemos no solo con los ojos físicos, sino también con los ojos de la fe. Un trágico acontecimiento nos lleva a orar por las víctimas, y un evento alegre nos conduce a dar gracias a Dios. Sabemos y creemos que Jesús está siempre con nosotros.

✠ *¿Qué puedo aprender de este pasaje?*

Jesús sana a un niño epiléptico (9:14-29)

Dedica de 8 a 10 minutos a contemplar en silencio el pasaje. Considera lo siguiente:

La oración y la fe van de la mano. Cuando no hay fe, no hay oración y cuando no hay oración, la fe languidece. Son una mancuerna. La una necesita de la otra para que sigamos nuestro caminar hacia Dios.

✠ *¿Qué puedo aprender de este pasaje?*

Segundo anuncio de la pasión y resurrección (9:30-32)

Dedica de 8 a 10 minutos a contemplar en silencio el pasaje, teniendo presente estas ideas:

La cruz ahora tiene un significado diferente del que tenía en la época de Jesús.

Nosotros tenemos la ventaja de saber que la cruz ya no simboliza vergüenza y desgracia, como en aquellos tiempos. Con su muerte en la cruz, Jesús le dio sentido al sufrimiento y a la muerte.

✠ *¿Qué puedo aprender de este pasaje?*

¿Cómo deben comportarse los discípulos? (9:33-37)

Dedica de 8 a 10 minutos a contemplar en silencio el pasaje. Quizás estas ideas te pueden ser útiles:

La invitación de Jesús a seguirle de cerca y ser su discípulo, no es una invitación a acaparar poder e influencias. Por el contrario, es una invitación a ser el que sirve, el que vive la caridad y el que se olvida de sí mismo. Los discípulos están llamados a servir a aquellos que son débiles, marginados y pobres; a aquellos que no tienen con qué pagar el favor que se les hizo. Cuando un discípulo de Cristo llega a una posición de poder ya sea en la empresa, en el gobierno o en la Iglesia, no debe olvidar que está ahí para dar más gloria a Dios con sus obras y para ayudar a sus hermanos.

✠ *¿Qué puedo aprender de este pasaje?*

El exorcista anónimo (9:38-41)

Dedica de 8 a 10 minutos a contemplar en silencio el pasaje. Estas ideas pueden serte útiles:

La envidia es un sentimiento que lleva a entristecernos por el bien ajeno. La envidia nos hace ver los bienes del prójimo como una amenaza. Estos pueden ser su éxito profesional, académico o incluso pastoral; sus capacidades de organización o de trabajo; su familia o los dones naturales que Dios le dio. La envidia no hiere más que al que la siente y se deja envolver por ella. Conduce a la tristeza. No permite que nos alegremos con el bien del prójimo. El perdedor siempre será el envidioso, quien se queda estancado en su propio sentir. Es como una silla de mecer, que por más rápido que la persona se meza no la lleva a ningún lado más que a la frustración.

✠ *¿Qué puedo aprender de este pasaje?*

Radicalidad ante el pecado (9:42-50)

Dedica de 8 a 10 minutos a contemplar en silencio el pasaje, considerando también estas ideas:

La imagen de la sal nos recuerda las palabras que dijo Jesús a sus discípulos y a todos los discípulos que les seguirían, es decir, a nosotros: que somos la sal de la tierra. Que en lugar de llevar a otros al pecado, estamos llamados a llevarlos a Dios. En lugar de sacarnos un ojo o cortarnos un brazo, debemos utilizarlos para hacer actos buenos. Estamos llamados a traer la paz al mundo, no el pecado, ya que el pecado lleva a la muerte espiritual. Cuando vivimos en unión con Cristo, somos la sal de la tierra y vivimos en paz.

✠ *¿Qué puedo aprender de este pasaje?*

Sobre el matrimonio y el divorcio (10:1-12)

Dedica de 8 a 10 minutos a contemplar en silencio el pasaje, considerando también estas ideas:

Hay un libro que se llama "Tres para el matrimonio: Dios, tu y yo". Esta es la intención y el ideal de Dios ante el matrimonio. La unión de hombre y mujer, y en medio de ellos, Dios. Una vida en la cual ni el hombre ni la mujer se pertenezcan a sí mismos, sino uno al otro y juntos a Dios.

✠ *¿Qué puedo aprender de este pasaje?*

El peligro de las riquezas (10:17-31)

Dedica de 8 a 10 minutos a contemplar en silencio el pasaje, considerando también estas ideas:

Vender todo lo que tenemos puede significar muchas cosas. Puede ser desprendernos de lo mucho o poco que tenemos, porque ahí esta nuestro corazón. También puede significar desprendernos de nuestros "gustitos", de lo que hacemos con nuestro tiempo libre. El problema no es la cantidad de dinero, sino el apego que nos impide ser libres para hacer lo que Dios quiere que hagamos. El ser humano lo mismo se apega a lo mucho que a lo poco. ¿Cuántas veces tenemos miedo a dar por temor a perder lo que hemos ganado? Sí tan solo comprendiéramos que todo nos viene de Dios... El peligro de las riquezas consiste en poner en ellas nuestra felicidad, nuestra seguridad y, sobre todo, nuestro corazón.

✠ *¿Qué puedo aprender de este pasaje?*

Tercer anuncio de la pasión y la resurrección (10:32-34)

Dedica de 8 a 10 minutos a contemplar en silencio el pasaje. Puedes considerar también estas ideas:

Ser valiente no siempre significa no sentir miedo, sino también actuar a pesar del miedo. Jesús nos da un ejemplo de lo que significa ser valiente mientras se dirigía hacia Jerusalén, donde sabía que iba a sufrir y a morir. Conocía su destino, pero no se volvía atrás ante la idea de su crucifixión. Más adelante veremos durante su agonía en el Huerto, cómo Jesús no era inmune al miedo, sino que sabía cumplir con su deber a pesar de este. Como seguidores de Jesús nos puede dar miedo defender nuestra fe. Ciertamente, lo más probable es que nos enfrentemos solamente a ser ridiculizados y no tanto a entregar nuestras vidas como Cristo y los mártires.

✠ *¿Qué puedo aprender de este pasaje?*

Contra la ambición (10:35-45)

Dedica de 8 a 10 minutos a contemplar en silencio el pasaje. Puedes tener presentes también estas ideas:

Qué diferente es el reinado de Cristo al de los reyes terrenales. Cristo y los suyos reinan sirviendo. ¿Y yo? ¿Sirvo o busco ser servido?

✠ *¿Qué puedo aprender de este pasaje?*

El ciego Bartimeo (10:46-52)

Dedica de 8 a 10 minutos a contemplar en silencio el pasaje. Considera también estas reflexiones:

Bartimeo pudo reconocer a Jesús con los ojos de la fe, una fe perseverante y confiada; una fe que, ante las adversidades, se creció; una fe que lo llevó a seguir llamando a Jesús a pesar de que todos a su alrededor le reprendían para que se callase. ¿Busco a Jesús como Bartimeo? ¿Creo y confío en su misericordia?

✠ *¿Qué puedo aprender de este pasaje?*

PARTE 2: ESTUDIO INDIVIDUAL (MC 11-12)

Día 1: Entrada triunfal de Jesús a Jerusalén (11:1-11)

Se aproximaba la más grande de las fiestas judías, la Pascua, y Jesús con los suyos se acercaba a Jerusalén por el costado donde se encuentra el Monte de los Olivos. Ese lugar, de acuerdo con la tradición, era el punto donde la salvación se originaría.

Con la entrada de Jesús a Jerusalén montado en un burrito se cumplió la profecía mesiánica de Zacarías: "Alégrate, ciudad de Sión: grita de júbilo, Jerusalén; mira a tu rey que está llegando: justo, victorioso, humilde, cabalgando un burro, una cría de burra" (9:9). El camino por donde pasaba estaba alfombrado con los mantos de la gente, la cual los ponía como signo de homenaje real para que Jesús pasara sobre ellos. Agitaban ramos cortados en el campo y los que iban delante y detrás de él cantaban "¡Hosanna!" (11:9) que significa "sálvanos, por favor" o "sálvanos ahora". Aunque la gente alababa a Jesús como profeta mesiánico, no lo proclamaron Mesías. Decían que venía en el nombre del Señor, lo cual significaba que venía con la autoridad de Dios.

Es significativo ver que Marcos termina este pasaje anotando que Jesús visitó brevemente el Templo para inspeccionarlo. Esto prepara el terreno para la purificación del Templo. Puesto que era tarde, se fue con los Doce a Betania.

Lectio divina

Dedica de 8 a 10 minutos a contemplar en silencio el pasaje. Puedes considerar también estas ideas:

En nuestra oración, hay veces que Dios nos bendice con consuelos espirituales, ya sea para fortalecernos ante las dificultades o simplemente para recordarnos que está presente cuando oramos. Dios nos puede dar nuestros Domingos de Ramos antes de que nos llegue nuestro Viernes Santo. Podemos soportar las tragedias de la vida porque sabemos que a cada Viernes Santo le sigue un Domingo de Resurrección. La vida está llena de muchas pequeñas muertes y resurrecciones hasta el momento en que entremos a la vida eterna y participemos en nuestra resurrección gloriosa. Lo bueno es que a través de nuestro caminar por la vida y hasta que lleguemos a nuestra resurrección, Cristo estará con nosotros. Eso nunca podemos dudarlo.

✠ *¿Qué puedo aprender de este pasaje?*

Día 2: Jesús purifica el Templo (11:12-19)

En el territorio donde vivía Jesús las higueras eran una fuente común e importante de alimento. Cuando Jesús y los Doce pasaron cerca de la higuera y esta no tenía frutos, Jesús la maldijo, a pesar de que no ser temporada de higos. Con anterioridad, Oseas, un profeta del Antiguo Testamento, había comparado a Israel con una higuera que no daba buen fruto (9:10).

Las personas que acudían al Templo para la fiesta, compraban los animales para el sacrificio que iban a presentar en el recinto del Templo. Además, había ahí "casas de cambio" donde se cambiaban monedas griegas y romanas, consideradas impuras, por monedas del Templo. Ante ese espectáculo de vil mercado, Jesús entra en escena volcando las mesas y sillas. El Templo había perdido su esencia ya que habían convertido en un mercado la morada de Dios, el recinto de oración.

Al tomar Jesús esa actitud de liderazgo, los sumos sacerdotes y los letrados buscaron la forma de acabar con Él. Marcos va preparando a sus lectores para la pasión y muerte de Jesús. Esa noche dejaron la ciudad y, cuando regresaron a la siguiente mañana, vieron que la higuera que Jesús había maldecido se había secado. Esto es una prefiguración de lo que sucedería 70 años después, cuando los romanos invadieron Jerusalén y la destruyeron junto con el Templo.

Lectio divina

Dedica de 8 a 10 minutos a contemplar en silencio el pasaje. Procura tener presentes estas ideas:

El enojo de Jesús contra los que vendían mercancías en el Templo, no tiene nada que ver con la venta de artículos religiosos en las pequeñas tiendas que se encuentran hoy en día en las iglesias o cerca de ellas. Estas quedan fuera de la zona considerada como sagrada. La parte interior, la parte donde se lleva a cabo el culto, donde se celebran los sacramentos y se proclama la Palabra está abierta a todas las personas sin importar su fe, condición espiritual o clase social. Santos y pecadores son bienvenidos. Esta área es un espacio sagrado donde la comunidad se reúne para adorar a Dios como un solo cuerpo, un solo pueblo, el pueblo de Dios.

✠ *¿Qué puedo aprender de este pasaje?*

Día 3: El poder de la oración (11:20-26)

Después de la purificación del Templo o también llamada "expulsión de los vendedores del Templo", Jesús exhortó a sus discípulos a tener fe en Dios (11,22). Debían orar con fe, confianza, sin importar cuán difícil fuese su situación. Con esta fe podrían realizar grandes acciones, tan grandes como mover montañas. Con esto Jesús no pretendía que los Doce usaran los dones dados por Dios de manera irresponsable, dedicándose a mover montañas. Más bien usó, otra vez, una hipérbole para dejar claro el poder de la fe y de la oración.

Les animó a confiar en el poder de la oración, ya que recibirían todo aquello que pidiesen con fe. Por último, Jesús relacionó la oración y el perdón: "cuando se pongan de pie para orar, tienen algo contra alguno, perdónenlo" (11:25).

Lectio divina

Dedica de 8 a 10 minutos a contemplar en silencio el pasaje, teniendo presentes también estas ideas:

"Creo; pero socorre mi falta de fe" (9:24)

✠ *¿Qué puedo aprender de este pasaje?*

Día 4: Sobre la resurrección (12:18-27)

Los saduceos eran un grupo de judíos que no creían en la resurrección de los muertos porque aceptaban solamente los primeros cinco libros de la Biblia, los que nosotros conocemos como el Pentateuco y el pueblo judío conoce como la Tora, es decir la Ley. Por su parte los fariseos, otro grupo de judíos sobre quienes hemos venido hablando, aceptaban además del Pentateuco otros libros de la Biblia. Por ello se había suscitado una diferencia entre los dos grupos.

Por primera vez en el Evangelio de Marcos, el grupo de los saduceos se acerca a Jesús para preguntarle sobre la resurrección, trayendo a colación la ley de Moisés registrada en el libro del Deuteronomio (uno de los primeros cinco libros de la Biblia). En este se dice que, si un hombre muere sin haber tenido un hijo varón, su viuda se debe casar con el hermano del difunto (Dt 25:5-10), pues el pueblo judío pensaba que el espíritu de una persona era inmortal porque seguía vivo en su hijo y además porque de esa forma se mantenía el apellido de la familia. El primogénito varón nacido de la unión entre el hermano del difunto y su viuda era considerado hijo del difunto, dándole así una segunda oportunidad de eternidad.

El caso que le presentan a Jesús es el de una mujer que enviudó siete veces y, de haber resurrección, eso sería un problema, pues la mujer iba a tener en la vida futura ¡siete maridos! Jesús les responde señalando que no conocían las Escrituras, ni el poder de Dios (12:24) y que la resurrección no es una continuación de esta vida, sino un estado de existencia plena con Dios. Además, citando el libro del Éxodo, al que los saduceos sí aceptaban como revelado, Jesús les dijo: ¿qué no han leído [...] el episodio de la zarza? Dios dijo: Yo soy el Dios de Abraham, el Dios de Isaac, el Dios de Jacob. No es un Dios de muertos, sino de vivos" (12:26-27). Dios no dijo "yo fui", sino "yo soy", es decir, el Dios de los patriarcas, como si todavía estuviesen vivos. Estas palabras de Dios tomadas de las Escrituras, implicaban la resurrección.

Lectio divina

Dedica de 8 a 10 minutos a contemplar en silencio el pasaje, teniendo presente estas reflexiones:

Cuando un ser querido muere, esperamos que esté en la gloria eterna. Aunque creemos que la persona fallecida está en la eternidad, de todas maneras nos duele su ausencia. Recordemos entonces que está con nosotros, solo que de una manera distinta a como estaba antes. La fe en Jesús nos lleva a tener fe en la resurrección.

✠ *¿Qué puedo aprender de este pasaje?*

Día 5: El más grande de los mandamientos (12:28-34)

Un escriba, al ver cuán acertada fue la respuesta de Jesús a los saduceos, le preguntó sobre el mandamiento más importante. Los fariseos se enorgullecían de conocer la Ley a la perfección, además, habían multiplicado los mandamientos hasta llegar a tener más de seiscientos. ¿Cuál de todos ellos sería el más importante?, se preguntaba este hombre. Jesús, citando las Escrituras, le respondió que eran dos: el amor a Dios sobre todas las cosas y el amor al prójimo.

El fariseo afirmó: "Muy bien, Maestro; tienes razón al decir (eso)" (12:32) a lo que Jesús respondió: "No estás lejos del Reino de Dios" (12:34).

Lectio divina

Dedica de 8 a 10 minutos a contemplar en silencio el pasaje. Puedes tener presentes estas ideas:

Para que Jesús nos diga como al fariseo: "no estás lejos del Reino de Dios", (12:34), ya sabemos el camino: tener en primer lugar de nuestros amores a Dios y al prójimo.

✠ *¿Qué puedo aprender de este pasaje?*

Preguntas de reflexión

1. ¿Cómo trató la gente a Jesús cuando entró a Jerusalén?
2. ¿Por qué Jesús expulsó a los comerciantes del Templo?
3. ¿Qué dice Jesús sobre el poder de la oración?
4. ¿Cómo respondió Jesús a los saduceos cuando le preguntaron de manera desafiante sobre la resurrección?
5. ¿Cuál dijo Jesús que es el mandamiento más importante? ¿Por qué?

LECCIÓN 10

La pasión y resurrección de Jesús

MARCOS 13-16

El centurión, que estaba frente a él, al ver que había expirado de aquella manera, dijo: "Verdaderamente este hombre era hijo de Dios" (15:39)

Oración inicial: *(Ver página 15)*

Contexto

Parte 1, Marcos 13-15: Jesús habla con sus discípulos sobre la destrucción del Templo. Además, les advierte que el fin no estaría cerca aun cuando oyesen hablar sobre la aniquilación total del mundo a causa de guerras o catástrofes naturales. También les revela que serán traicionados por miembros de sus propias familias a causa de su fe. Les advierte sobre una gran tribulación, esto es, la destrucción de Jerusalén. Cuando eso suceda, deberán huir inmediatamente. Van a aparecer muchos falsos profetas y falsos mesías. Jesús habla sobre el fin del mundo y les dice que deberán estar alerta como los sirvientes, esperando la llegada del amo que se encontraba de viaje.

Los líderes religiosos hacen un complot para arrestar a Jesús. Una mujer en Betania unge a Jesús con un perfume muy caro. Sus discípulos preparan la cena de Pascua, donde Él instituye la Eucaristía. Ora en el Huerto de Getsemaní, es entregado por uno de los Doce y llevado ante el Sanedrín. Mientras tanto, Pedro lo niega tres veces. Jesús es sentenciado a muerte, coronado con espinas, azotado y crucificado soportando burlas y humillaciones. Cuando muere, el velo del Templo se rasga y el centurión proclama su filiación divina: verdaderamente era Hijo de Dios.

Parte 2, Marcos 16: El primer día de la semana, tres mujeres encontraron que la tumba donde Jesús había sido enterrado estaba vacía y recibieron la noticia de que había resucitado. Las mujeres se fueron sin decir nada a nadie. Jesús se apareció a María Magdalena, a dos de sus discípulos y finalmente a los Once, a quienes les reprendió por su incredulidad. Les confía la misión de llevar el Evangelio a toda criatura. Jesús asciende a los cielos.

PARTE 1: ESTUDIO EN GRUPO (MC 13-15)

Leer en voz alta Marcos 13-15

Se inicia el fin (13:1-37)

Al salir del Templo, uno de los discípulos comparte con Jesús su admiración por la magnificencia de este. Jesús aprovecha la ocasión para anunciarles que sería destruido y que no quedaría de él piedra sobre piedra. Jesús advierte a sus discípulos que cuando suceda la destrucción de Jerusalén y del Templo, aparecerán falsos profetas.

Marcos presenta en este capítulo las enseñanzas de Jesús sobre el fin de los tiempos, es decir, el fin del mundo. Cabe recordar que muchos de los miembros de la naciente Iglesia creían que el final de los tiempos no tardaría en llegar. Jesús les advierte que los rumores de guerra y la guerra en sí, no necesariamente significan que el final está cerca. Las imágenes apocalípticas de guerra, terremotos y hambrunas no se deben interpretar como un anuncio de que los últimos días están por llegar. Los cristianos serán perseguidos por gobiernos extranjeros, por los líderes de la sinagoga e incluso por sus propias familias, pero el Espíritu Santo les dará la fuerza y el valor necesarios para hacer frente a la persecución.

Jesús habla sobre una presencia sacrílega y destructiva que recordaba las palabras del profeta Daniel acerca de la colocación de un ídolo abominable sobre el altar del Templo (9:27). Esto hace referencia al altar pagano que Antíoco IV, emperador extranjero, construyó en el Templo de Jerusalén alrededor del año 168 a.C. La invasión de Roma sería tan rápida, que los habitantes no tendrían tiempo ni de recoger sus pertenencias. Pero, y he aquí lo más importante, a pesar del poder del ejército romano, Dios va a intervenir en favor de aquellos que oraban, abreviando aquella etapa de destrucción.

Utilizando un lenguaje apocalíptico y muchos símbolos, Jesús anuncia su segunda venida, también llamada Parusía. Este lenguaje apocalíptico se sirve de símbolos como la oscuridad en lugar del sol y de la luna, las estrellas que caen del cielo y el mismo cielo estremeciéndose. Entre nubes y con gran poder y gloria vendrá glorioso el Hijo del Hombre, Jesucristo, y enviaría a los ángeles para reunir a sus elegidos. Los cuatro vientos sobre los que habla simbolizan los cuatro puntos cardinales de la tierra: todos los elegidos de la tierra y del cielo se reunirán para el día del glorioso triunfo.

Así como las personas pueden saber que el cambio de estación está cerca por los signos de la naturaleza, así los seguidores de Jesús podrán saber cuándo está cerca el fin de los tiempos, esto es, cuando vean que se cumplen todos los acontecimientos sobre los que Jesús habló.

Jesús narra una breve parábola sobre un hombre que dejó a otros a cargo de su casa mientras hacía un viaje. Como los siervos no sabían cuándo volvería, tenían que estar siempre preparados. De la misma manera nosotros debemos estar siempre despiertos y preparados para el regreso repentino de Jesús.

Planean la muerte de Jesús (14:1-11)

Se acercaba la fiesta de la Pascua y de los Panes Ázimos, ambas se celebraban el mismo día. La Pascua conmemora la liberación de los judíos de la esclavitud de Egipto y la fiesta de los Ázimos, la cosecha de la cebada que se festejaba comiendo pan sin levadura. Jesús, que ya había estado en Jerusalén para la fiesta, se retira al cercano pueblo de Betania, a comer a casa de Simón el Leproso. Cuando llegó, Simón no le trató con la cortesía que se debe a un huésped, es decir, no le lavó los pies ni le ungió la cabeza.

Fue una mujer quien interrumpió la comida para ungir a Jesús. El gesto provocó algunas críticas. Jesús los reprendió diciendo: "ha hecho una obra buena conmigo" (14:6). Esta mujer hizo algo que solo puede hacer el amor: tomó lo más precioso que tenía y lo dio todo a Jesús. Algunos dicen que esta mujer era María Magdalena, pero en realidad, por la información que nos dan los evangelistas, no lo podemos saber con certeza. El perfume con el que la mujer ungió a Jesús era de gran valor por ser de nardo puro. Mientras que para la gente eso era un derroche, para Jesús no lo era, pues Él sabía que eran los últimos días que pasaba entre nosotros.

Jesús anunció su muerte al decir: "Se ha anticipado a embalsamar mi cuerpo para el entierro" (14:8), ya que este perfume se utilizaba a menudo para ungir un cuerpo que iba a ser enterrado. Jesús no negó la obligación que tenemos de ayudar a los más necesitados, sino que aclaró que a Él no siempre lo tendríamos con nosotros (14:7).

Jesús afirmó que "en cualquier parte del mundo donde se proclame la Buena Noticia, se mencionará también lo que ella ha hecho" (14:9). Y en contraste con ese acto de generosidad, Marcos presenta el lado contrario de la moneda: uno de los suyos, uno de los Doce, Judas Iscariote, se presenta a los sumos sacerdotes para entregar a Jesús. El que haya sido uno de los Doce añade dramatismo al momento: uno de los amigos más cercanos de Jesús es quien lo entrega.

La cena de Pascua (14:12-31)

Jesús manda a dos de sus discípulos a preparar la cena de Pascua. Esta fiesta anual conmemora la liberación del pueblo de Israel de su esclavitud en Egipto (Ex 12:23). Esa noche, el ángel de la muerte mató a los primogénitos de los egipcios, mientras pasaba por las casas de los israelitas, ya que el dintel de sus puertas estaba marcado con la sangre de un cordero sin mancha sacrificado para la ocasión. La sangre del cordero sin mancha es símbolo de la sangre de Jesús: Jesús es también el cordero sin mancha que derrama su sangre para nuestra salvación. La fiesta de la Pascua inicia a la puesta del sol, por lo que esa tarde, antes de que se pusiera el sol, se sacrificaba el cordero, se preparaba y se tenía listo para la Cena Pascual

Los discípulos hicieron lo que Jesús les pidió, sin encontrar resistencia por parte del dueño de la casa. Al atardecer, llegó Jesús con los Doce para celebrar la Cena Pascual y mientras comían anunció que uno de ellos lo traicionaría, uno de aquellos a los que Él había elegido por nombre. ¡Vaya dolor!

Y fue en esa Cena, donde Jesús instituyó la Eucaristía. Nos dejó su Cuerpo y su Sangre. Con su sangre selló la Nueva Alianza, alianza entre Dios y su pueblo, un nuevo pueblo formado por aquellos que le seguirían. Esa sangre derramada recordaba la sangre del sacrificio que fue rociada en el Sinaí por Moisés como un símbolo de la alianza entre Dios y su pueblo (Ex 21:8). Ahora es Jesús quien se ofrece a sí mismo. Jesús anuncia que esa sería su última cena antes de resucitar.

Terminaron cantando un himno de acción de gracias llamado Hallel (Sal 114-118), el cual está compuesto por salmos sobre la liberación de Egipto, en los que se habla de confianza, acción de gracias y alabanzas. Después de entonar los himnos, se fueron al Monte de los Olivos, que era donde muchos peregrinos que habían llegado a Jerusalén para las fiestas, pasaban la noche acampando. Por ello, Judas supo dónde encontrarle.

El Huerto de Getsemaní (14:32-52)

Llegando a un lugar llamado Getsemaní, el cual se cree estaba al pie del Monte de los Olivos, Jesús dice a sus discípulos que se va a retirar para hacer oración. Se lleva consigo a Pedro, Santiago y Juan, los mismos que le acompañaron en la transfiguración. Inició su oración diciendo: "¡ *Abbá, Padre!, todo es posible para ti; aparta de mí esta copa*" (14:36); pero añadió: "pero no sea lo que yo quiero, sino lo que quieres tú" (14:36). De esta forma, a pesar de la repugnancia que experimentaba, sometía su voluntad a la del Padre. El nombre Abbá, significa padre o papá, pero es una forma más cariñosa que en español casi se podría traducir por "papito". Jesús pide al Padre que aparte de Él la copa o cáliz, es decir, el sufrimiento, pues en el Antiguo Testamento se usaba esta imagen para hablar del dolor.

Jesús tenía el poder para escapar de esa muerte tan terrible, sin embargo, elige el camino de la cruz por nosotros y por nuestra salvación. Marcos también nos narra que los discípulos no pudieron velar con Jesús. "¿ya estás dormido?", pregunta Jesús a Pedro. "¿Ni una hora has podido velar?" (14:37). Los apóstoles dormían mientras Judas, bien despierto, preparaba todo para que los judíos pudieran aprehender a Jesús. Es irónico: los amigos duermen y el enemigo vela. "Vamos, levántense" (14:42), ordenó Jesús a los suyos ya que Judas al frente de gente armada con espadas y palos habían llegado para prenderle. Judas se puso de acuerdo con quienes lo acompañaban, diciéndoles que iba a dar un beso a aquel a quien ellos debían aprehender. En el mundo antiguo, un beso era signo de íntima amistad, de confianza. La traición de Judas con un beso muestra la doblez de su amor y la profundidad de su traición.

También se nos habla de un muchacho cubierto con una sábana que, al ser atrapado, la soltó y escapó desnudo. Solo el Evangelio de Marcos nos habla de este particular, por lo que algunos estudiosos han llegado a pensar que se trata del mismo Marcos.

Jesús es presentado ante el Sanedrín (14:53-72)

Jesús no ofreció resistencia. Todo parece indicar que era algo que ya estaba esperando. Se cumplía lo que Jesús había dicho: "Ya ven que subimos a Jerusalén, donde el Hijo del hombre será entregado a los sumos sacerdotes y a los escribas. Lo condenarán a muerte y lo entregarán a los paganos" (10:33). Pedro le seguía, pero a distancia, dato que muestra el debate interno por el que estaba pasando.

Jesús fue presentado ante el sumo sacerdote y ante el Consejo para ser enjuiciado. Entre las acusaciones estaba la de haber dicho que destruiría el Templo hecho por los hombres y que en tres días lo reconstruiría. Los lectores del Evangelio de Marcos entendían ya que Jesús se refería a sí mismo, a su cuerpo, a la resurrección. Él sería sepultado y resucitaría como el Templo de la Nueva Alianza.

De acuerdo con la ley judía, se necesitaba la evidencia de por lo menos dos testigos para que una acusación fuese válida. Pero "andaban buscando contra Jesús un testimonio para darle muerte, pero no lo encontraban" (14:55). Fueron presentados varios testigos falsos, cuyas declaraciones no concordaban unas con otras, por lo cual, el sumo sacerdote no tuvo otra opción que dirigirse directamente a Jesús e interrogarlo: "¿Eres tú el Mesías, el Hijo de Dios Bendito?" (14:61). Jesús no titubeó, al declarar: "Yo soy" (14:62). Esta afirmación recuerda las palabras de Dios en la zarza ardiente, cuando Dios ordenó a Moisés que dijera que "Yo soy" lo había enviado (Ex 3:14). Además, Jesús se autonombró "Hijo del Hombre", aplicando a sí mismo las palabras del profeta Daniel (7:13), que estaría sentado a la derecha del Todopoderoso. Todas estas afirmaciones hicieron que el sumo sacerdote se rasgase las vestiduras en señal de agravio, pues Jesús se había declarado a sí mismo Dios. Ya no se necesitaban testigos; sus propias palabras lo habían condenado, por lo que es sentenciado a muerte.

Al mismo tiempo que Jesús, siendo fiel a su misión, resistía con pleno dominio de sí al interrogatorio al que estaba siendo sometido, afuera, Pedro lo negaba. Los discípulos de la naciente Iglesia, que de una u otra manera habían renegado de Jesús para no ser condenados a muerte, seguramente encontrarían ánimo y aliento en la caída y el arrepentimiento de Pedro.

Jesús es condenado a muerte (15 1-20)

Los líderes religiosos que habían condenado a muerte a Jesús acusándolo de blasfemo por haberse llamado a sí mismo Hijo de Dios, no tenían el poder para condenarlo a muerte. Los únicos que podían hacerlo eran los romanos, por eso lo llevaron ante Pilato. Pilato era el encargado de la provincia romana de Judea, por lo que él sí tenía autoridad para juzgarlo y sentenciarlo a muerte. De nuevo es interrogado, pero ahora la pregunta cambia: "¿Eres tú el rey de los judíos?" (15:2) le pregunta Pilato. En realidad, lo que a él como encargado del poder temporal le preocupaba, eran las posibles amenazas contra el orden político establecido.

Jesús se mantuvo cayado ante todas las acusaciones que los judíos presentaron a Pilato. Era costumbre que, durante la Pascua, las autoridades romanas dejasen en libertad a un preso. Pilato trató de cambiar la condena de Jesús por la de Barrabás, un preso que había cometido un homicidio. Pero los sumos sacerdotes incitaron a la gente para que pidiera la libertad de Barrabás y la condena de Jesús gritando: "¡Crucifícalo!" (15:13-14).

Entonces, Jesús, fue entregado a los soldados romanos para que lo azotaran. Ellos a su vez se burlaron de Jesús, rindiéndole un irónico y satírico homenaje como presunto rey de los judíos (15:18). Golpeado, escupido, coronado de espinas fue conducido a su crucifixión, quedando convertido en el Siervo Sufriente sobre quien Isaías había hablado el capítulo 53 de su libro. El justo fue injustamente condenado.

La crucifixión (15:21-32)

En aquella época, si una persona era condenada a muerte por las autoridades romanas, era obligada a cargar su cruz o, según algunos estudiosos, cargaban solo la viga transversal, ya que el eje vertical estaba previamente fijado al suelo en el lugar de la crucifixión. El reo caminaba por las calles rumbo al sitio de la ejecución para que los transeúntes lo vieran y sirviera a la vez de escarmiento para potenciales trasgresores de la ley.

Mientras Jesús iba caminando con la cruz a cuestas, los soldados romanos obligaron a un hombre que pasaba por allí a ayudarle. Era Simón el cireneo, venido a Jerusalén desde el norte de África, donde se encontraba la ciudad de Cirene. Tan debilitado estaba ya el Señor por la flagelación y demás castigos. Marcos dice que Simón era el padre de Alejandro y de Rufo (15:21), probablemente dos personajes conocidos por los destinatarios de su Evangelio y, por lo mismo, conversos. Cabe decir que este momento de la vida de Jesús, su caminar hacia el Calvario, es lo que recordamos en la práctica piadosa del Vía crucis ("camino de la cruz", en latín).

Llegando al lugar donde iba a ser crucificado, llamado Gólgota, que significa "lugar de las calaveras", le dieron a beber agua. Jesús convencido de su misión como Siervo Sufriente la rechazó, no quería ahorrarse sufrimientos. Sus ropas fueron echadas a suerte entre los soldados, como lo había dicho el Salmo 22:19. Irónicamente, colocaron sobre su cabeza un letrero que lo proclamaba "Rey de los Judíos". Otra profecía que se cumplió durante su crucifixión fue la de Isaías, quien había predicho que Jesús sería "y fue tenido por un rebelde" (53:12) pues fue crucificado entre dos malhechores.

Las crucifixiones se llevaban a cabo a las afueras de la ciudad, a un lado de los transitados caminos, razón por la cual aquellos que por ahí pasaban imprecaban a Jesús diciéndole: "El que derriba el santuario y lo reconstruye en tres días, que se salve, bajando de la cruz" (15:29-30). La naciente Iglesia comprendía que Jesús, al resucitar al tercer día, se había erigido como el Templo vivo de la Nueva Alianza.

Jesús muere en la cruz (15:33-41)

Las tinieblas cubrieron el territorio de Jerusalén desde el mediodía hasta la tarde. Jesús, en sus últimos momentos, recitó el Salmo 22 que inicia lamentándose ante Dios por el desamparo: "Dios mío, Dios mío, ¿por qué me has abandonado?" (15:34). Este Salmo termina alabando a Dios: "su descendencia le servirá: hablará del Señor a la edad venidera, contará su justicia al pueblo por nacer: 'Así actuó el Señor'" (Sal 22:31-32).

Así actuó Jesús para salvarnos. Así murió en la cruz, totalmente solo y abandonado. Algunos de los presentes creían que llamaba al profeta Elías para que fuera a bajarlo de la cruz, ya que de acuerdo con la tradición judaica, este regresaría a salvar a los prisioneros del poder extranjero.

Ya desde su muerte en la cruz, Jesús había empezado a triunfar. Un pedazo grandísimo de tela que colgaba en el Templo, conocido como el velo del Templo, se rasgó de arriba abajo. Este separaba el primer recinto del Templo llamado El santo del segundo, llamado El santísimo, al cual solo podía entrar el sumo sacerdote una vez al año para llevar la sangre que se ofrecía por sus pecados y por los pecados de ignorancia del pueblo (Hb 9:1-9). Esto significaba el fin de la Antigua Alianza. Además, el centurión romano que estaba junto a la cruz dijo: "Realmente este hombre era Hijo de Dios" (15:39).

Marcos dice al inicio de su Evangelio que este va a tratar sobre la Buena Noticia de Jesús, el Cristo, el Hijo de Dios (1:1). A la mitad de su Evangelio, ante la pregunta que Jesús hizo a sus discípulos, ¿quién dicen ustedes que soy yo? (8:29), Pedro respondió que el Cristo, esto es, el Mesías, y finalmente, casi al final del Evangelio, es el centurión romano quién proclama que Jesús es "el Hijo de Dios" (15:39). Queda así confirmada la premisa del Evangelio: esta es la Buena Noticia de Jesús, el Cristo, el Hijo de Dios (1:1).

Sepultura de Jesús (15:42-47)

Es curioso que un miembro del Sanedrín llamado José de Arimatea, fuese quien valientemente pidiese a Pilato el cuerpo de Jesús. Él quería sepultar el cuerpo para mostrar que no todos los miembros del Sanedrín estaban de acuerdo con el veredicto en contra del Señor. Los romanos, por lo general, dejaban los cuerpos de los ajusticiados en la cruz para que fuesen comidos por las aves carroñeras. Pero para los judíos el cuerpo tenía un carácter sagrado, por tanto, tenía que ser sepultado.

Es muy importante notar que Pilato consultó al centurión romano sobre si Jesús efectivamente había muerto. El que Jesús hubiese muerto y su muerte hubiese sido reconocida e informada por un centurión romano, daba a la resurrección una certeza total. Es decir, si Jesús murió y luego lo vieron vivo, es que realmente resucitó. No había lugar a dudas.

El entierro en una tumba excavada en la roca denota que esta pertenecía a una persona adinerada, en este caso a José de Arimatea. Estos sepulcros tenían en su interior algo semejante a unas bancas de piedra, cavadas en la pared, donde se colocaban los cadáveres. Esta descripción coincide con la información que Marcos dará más adelante sobre la presencia de un ángel sentado en una banca, en el sepulcro. Finalmente, Marcos menciona que las mujeres observaron el lugar donde fue colocado el cadáver de Jesús.

Preguntas de reflexión

1. ¿Cuál fue el significado de la unción de Jesús en Betania?
2. ¿Por qué fue necesario que los apóstoles prepararan la Cena de Pascua?
3. ¿Qué hizo Jesús en la Última Cena?
4. ¿Cómo reaccionó Jesús durante su agonía en el Huerto de Getsemaní?
5. ¿De qué acusaban a Jesús cuando fue puesto a disposición del Sanedrín?
6. ¿Qué te enseña el comportamiento de Pedro en estos pasajes que acabas de estudiar?
7. ¿Por qué los soldados se burlaban de Jesús?
8. ¿Por qué la gente se burlaba y ridiculizaba a Jesús crucificado?
9. ¿Qué sucedió cuando Jesús murió?
10. ¿Qué tuvo de especial el entierro de Jesús?

Oración final: (Ver página 15)

Hacer la oración final ahora o después de la *Lectio divina*

Lectio divina: (Ver página 8)

Relaja tu cuerpo y mantén una postura de oración (sentado, ojos cerrados, ambos pies en el piso). Este ejercicio puede tomar el tiempo que sea necesario. En el contexto de este estudio de Biblia, de diez a veinte minutos son suficientes. El propósito de la *Lectio divina* es ayudarte a entrar en la dinámica de la oración y contemplación de la Palabra de Dios, que puedas entablar un diálogo con Dios en lo más íntimo de tu corazón. Ve la página 8 para más instrucciones.

El inicio del fin (13:1-37)

Dedica de 8 a 10 minutos a contemplar en silencio el pasaje. Quizás quieras considerar estas ideas:

Un tema constante en las Escrituras es que siempre debemos estar preparados para cuando el Señor nos llame. Aunque Jesús en esta ocasión hablaba sobre el final de los tiempos, debemos ser conscientes de que la hora final de cada uno de nosotros será cuando Dios nos llame de esta vida a su presencia, es decir, cuando muramos. Preparémonos para que, cuando Dios nos llame, nos encuentre listos, esto es, en estado de gracia y con las manos llenas de buenas obras. No se trata de preocuparse, sino de "ocuparse". Vivamos siempre vigilantes.

✠ *¿Qué puedo aprender de este pasaje?*

Planean la muerte de Jesús (14:1-11)

Dedica de 8 a 10 minutos a contemplar en silencio el pasaje. Quizás estas ideas te pueden ayudar:

"Yo les aseguro que dondequiera que se proclame la Buena Nueva, en el mundo entero, se hablará también de lo que ésta ha hecho" (14:9). Nosotros hoy, veintiún siglos después, seguimos hablando de la bondad de esta mujer. Los actos buenos, los favores hechos, la caridad para con los demás no tienen fecha de caducidad, sus efectos perduran, su bondad genera más bondad.

✠ *¿Qué puedo aprender de este pasaje?*

La cena de Pascua (14:12-31)

Dedica de 8 a 10 minutos a contemplar en silencio el pasaje. Procura reflexionar también en estas ideas:

La Cena Pascual con Jesús no se acaba nunca, ya que se prolonga en todas las celebraciones eucarísticas. En cada Misa se repite su sacrificio. Nosotros, al participar del Cuerpo y Sangre de Cristo, adquirimos la intención de adaptar nuestras vidas a la vida de Jesús, de parecernos más a él, de amar al Padre como él lo ama y de amar, cuidar y curar a los hombres, como Jesús lo hizo. Durante la cena, Jesús hizo un nuevo pacto con el nuevo pueblo de Dios, un pacto que renovamos cada vez que recibimos el Cuerpo de Cristo. Tenemos que hacer frente a las responsabilidades que acompañan a este regalo, que son recibir de forma consciente tan grande privilegio y la obligación de difundir la Buena Nueva de Jesucristo.

✠ *¿Qué puedo aprender de este pasaje?*

El Huerto de Getsemaní (14:32-52)

Dedica de 8 a 10 minutos a contemplar en silencio el pasaje, teniendo en mente estas ideas:

Jesús sufrió el rechazo, el abandono y hasta la traición. Uno de los suyos le entregó en manos de sus enemigos. El dolor más profundo muchas veces no viene de nuestros enemigos, sino de los presuntos amigos. El mal trato que demos a los que viven más cerca de nosotros clamará por ellos al cielo. Debemos amar ante todo a nuestros prójimos, es decir, a aquellos que están más "próximos" a nosotros. No nos vaya a suceder lo que dice el refrán popular, esto es, que seamos candiles de la calle y oscuridad de nuestra casa.

✠ *¿Qué puedo aprender de este pasaje?*

Jesús es presentado ante el Sanedrín (14:53-72)

Dedica de 8 a 10 minutos a contemplar en silencio el pasaje. Estas ideas te pueden ser útiles:

La valentía que Pedro mostró con anterioridad, se vio eclipsada por el miedo. El temor por su propia vida le llevó a negar a Cristo y, como resultado, su dolor fue grande. Nos dice Marcos que se puso a llorar (14:72). Cuando nos encontramos frente al dolor o al fracaso, hay varias opciones a seguir. Podemos enojarnos, impacientarnos, desesperarnos, compadecernos a nosotros mismos o volver nuestros ojos a Jesús y comenzar de nuevo. Debemos ser rápidos para arrepentirnos, rápidos para confesarnos, rápidos para iniciar de nuevo nuestro caminar confiados en la gracias divina.

✠ *¿Qué puedo aprender de este pasaje?*

Jesús es condenado a muerte (15 1-20)

Dedica de 8 a 10 minutos a contemplar en silencio el pasaje. Ten presentes estas ideas:

Resulta curioso que la misma multitud que una semana antes había homenajeado a Jesús en su entrada a Jerusalén, ahora lo cambia por Barrabás, un homicida revoltoso. Esto puede ayudarnos a analizar con cuánta facilidad nosotros mismos cambiamos o abandonamos nuestra alianza con Jesús.

✠ *¿Qué puedo aprender de este pasaje?*

La crucifixión de Jesús (15:21-32)

Dedica de 8 a 10 minutos a contemplar en silencio el pasaje. Puedes considerar también, si lo deseas, estas ideas:

Las autoridades religiosas judías entregaron a Jesús por envidia. Un criminal fue perdonado mientras que un justo fue declarado culpable. Pilato, quien parecía creer que Jesús era inocente, lo condenó a muerte sin ninguna razón. La muchedumbre apoyo el mal, los soldados se burlaron y coronaron de espinas a quien había pasado haciendo el bien (cf. Hch 10:38). Fue crucificado entre dos ladrones, su ropa echada a suertes, ridiculizado por los sumos sacerdotes; los que pasaban por ahí le decían "A otros salvó y a sí mismo no puede salvarse" (15: 31). Todo esto parece un gran sinsentido. Y todo esto lo aceptó y vivió Jesús para llevar adelante el proyecto divino de salvación. ¿Realmente lo valoro?

✠ *¿Qué puedo aprender de este pasaje?*

Jesús muere en la cruz (15:33-41)

Dedica de 8 a 10 minutos a contemplar en silencio el pasaje. Considera también estas ideas:

En la Vigilia Pascual se recita el "Pregón Pascual". Una de sus estrofas, que habla del amor de Dios para con los hombres, dice: "¡Qué asombroso beneficio de tu amor por nosotros! ¡Qué incomparable ternura y caridad! ¡Para rescatar al esclavo, entregaste al Hijo!"

✠ *¿Qué puedo aprender de este pasaje?*

Sepultura de Jesús (15:42-47)

Dedica de 8 a 10 minutos a contemplar en silencio el pasaje, teniendo presentes estas ideas:

Puesto que Jesús fue enterrado precipitadamente, no hubo tiempo para preparar su cadáver con óleos y perfumes, como se acostumbraba. La unción que había hecho aquella mujer en Betania, en casa de Simón el Leproso, con un perfume caro, había sido en efecto una preparación para el entierro de Jesús. En aquella ocasión hubo quien se quejó por lo que consideraron un despilfarro; pero, si tenemos presente el final de la historia, todo cambia. Aprendamos a no ser tan duros en nuestros juicios sobre los demás.

✠ *¿Qué puedo aprender de este pasaje?*

PARTE 2: ESTUDIO INDIVIDUAL (MC 16)

Día 1: La resurrección de Jesús (16:1-8)

Una vez pasado el sábado, que era el día de descanso para los judíos, en el que no se debía de trabajar, María Magdalena, María de Santiago y Salomé llegaron al sepulcro llevando los perfumes que habían comprado para ungir y embalsamar el cuerpo de Jesús. Estaban preocupadas porque no sabían quién iba a moverles la piedra que cubría la entrada del sepulcro.

Lo que menos se imaginaron fue que encontrarían la piedra rodada. Una vez dentro del sepulcro, se encontraron con un joven vestido de blanco que les dijo: "No tengan miedo" (16:6). Qué alegría escuchar una conversación que inicia con esas palabras. "El crucificado no está aquí, ha resucitado" (16:6), y las invitó a ver el lugar donde lo habían puesto. Fueron las mujeres las primeras testigos de la tumba vacía. Aquel joven las animó a que fuesen a dar la noticia: "Vayan, sin embargo, a decir a sus discípulos y a Pedro que irá delante de ustedes a Galilea; allí lo verán, como lo dijo" (16:7). Tomemos nota que a Pedro lo designa por su nombre, mientras que a los demás les llama solamente discípulos. Esto nos habla de la primacía que Pedro tenía entre los discípulos desde los inicios de la Iglesia.

El ángel, al referirse a Jesús, lo llama "Jesús Nazareno" (16:6), relacionándolo así con Jesús resucitado, con el Jesús que había vivido entre los suyos en Nazaret, el que había recorrido los caminos de Judea, orado en el Templo y curado, expulsado demonios y enseñado. Manda que vayan a Galilea donde lo verán como lo había dicho (16:7).

Nos dice el Evangelio que las mujeres, asustadas y fuera de sí, no le dijeron nada a nadie (cf. 16:8). Marcos termina su Evangelio aquí, aunque nosotros, los lectores, quisiéramos saber que más pasó. Para Marcos Jesús ya había resucitado y sería en su segunda venida cuando consumaría su misión.

Lectio divina

Dedica de 8 a 10 minutos a contemplar en silencio el pasaje. Puedes considerar también estas ideas:

En la Vigilia Pascual se recita el "Pregón Pascual". Una de sus estrofas, al hablar sobre la resurrección de Jesús, dice: "¡Qué noche tan dichosa! Solo ella conoció el momento en que Cristo resucitó del abismo [...] Y así, esta noche santa ahuyenta los pecados, lava las culpas, devuelve la inocencia a los caídos, la alegría a los tristes, expulsa el odio, trae la concordia, doblega a los potentes".

✠ *¿Qué puedo aprender de este pasaje?*

Día 2: Jesús resucitado y sus seguidores (16:9-20)

Los comentaristas se han referido al Evangelio de Marcos como la historia de la pasión, con una larga introducción. Es decir, todo lo escrito por Marcos está orientado a presentar la muerte de Jesús y su resurrección, la cual es presentada como el triunfo definitivo del bien sobre el mal.

La manera brusca en que termina este Evangelio, aparentemente resultó inaceptable para un editor posterior, quien le añadió un final más largo y explícito, tomando como modelo a los otros tres Evangelios y a los Hechos de los Apóstoles. La mayoría de los eruditos bíblicos piensan que estos pasajes fueron añadidos posteriormente.

El autor de esta breve sección nos presenta a María Magdalena como la mujer de la que Jesús había expulsado siete demonios. Ella les llevó la noticia de la resurrección a los discípulos, quienes no le creyeron. También narra cómo Jesús se les apareció a dos hombres a quienes tampoco les creyeron. Y finalmente se aparece a los Once, a quienes da el poder de realizar grandes obras, enviándolos a proclamar la Buena Nueva a todo el mundo.

Esta sección termina con la ascensión de Jesús a los cielos a la vista de los discípulos, quienes posteriormente se convertirán en sus testigos.

Lectio divina

Dedica de 8 a 10 minutos a contemplar en silencio el pasaje. Puedes considerar también estas ideas si lo deseas:

La resurrección de Jesús no es el final de la historia de salvación. La historia continúa. Al enviar a sus discípulos a bautizar a aquellos que se conviertan y crean, y al ascender a los cielos, Jesús dejó en manos de sus discípulos la capacidad y la responsabilidad de seguir proclamando la "Buena Noticia de Jesucristo, el Hijo de Dios" (1:1).

✠ ¿Qué puedo aprender de este pasaje?

Preguntas de reflexión

1. ¿Cómo supieron las mujeres que habían ido a la tumba de Jesús el domingo por la mañana que Jesús había resucitado?
2. ¿Qué sucedió cuándo María Magdalena les dijo a los suyos que Jesús había resucitado?
3. ¿Qué les dijo Jesús a los Once cuando los envío a predicar a todo el mundo?
4. ¿Por qué algún autor desconocido añadió un final al Evangelio de Marcos?
5. Sin ese final, que probablemente fue añadido posteriormente, ¿cómo hubiera quedado el Evangelio de Marcos?

Acerca de los autores

El **P. William A. Anderson, DMin PhD,** es sacerdote de la diócesis de Wheeling-Charleston, Virginia del Oeste, director de retiros y misiones parroquiales, profesor, catequista y director espiritual. También fue párroco. Ha escrito numerosas obras sobre pastoral, temas espirituales y religiosos.

El P. Anderson obtuvo el doctorado en Ministerio por la Universidad y Seminario de Santa María de Baltimore y el doctorado en Teología Sagrada por la Universidad Duquesne de Pittsburgh.

Pía Septién cuenta con una licenciatura en Administración de Empresas, una maestría en Estudios Teológicos y un diplomado en Administración Pastoral por la Universidad de Dallas. Por más de 5 años ha dado clases para la Escuela Bíblica Católica de la Diócesis de Dallas y de Tyler. Ha sido autora de los libros "Mujeres del Antiguo Testamento" y "Mujeres del Nuevo Testamento". Actualmente es Directora del Departamento de Estudios Continuos de la Escuela para los Ministerios de la Universidad de Dallas.

CPSIA information can be obtained at www.ICGtesting.com
Printed in the USA
LVOW04s0518081114

412661LV00007B/10/P